O Deus que Espera

A psicologia do Perdão

Editora Appris Ltda.
1.ª Edição - Copyright© 2025 dos autores
Direitos de Edição Reservados à Editora Appris Ltda.

Nenhuma parte desta obra poderá ser utilizada indevidamente, sem estar de acordo com a Lei nº 9.610/98. Se incorreções forem encontradas, serão de exclusiva responsabilidade de seus organizadores. Foi realizado o Depósito Legal na Fundação Biblioteca Nacional, de acordo com as Leis nᵒˢ 10.994, de 14/12/2004, e 12.192, de 14/01/2010.

Catalogação na Fonte
Elaborado por: Josefina A. S. Guedes
Bibliotecária CRB 9/870

C331d 2025	Carvalho, Francisco de Assis O Deus que espera: a psicologia do perdão / Francisco de Assis Carvalho. – 1. ed. – Curitiba: Appris, 2025. 138 p. ; 21 cm. Inclui referências. ISBN 978-65-250-7527-3 1. Perdão. 2. Reconciliação. 3. Misericórdia. I. Título. CDD – 234.5

Appris
editora

Editora e Livraria Appris Ltda.
Av. Manoel Ribas, 2265 – Mercês
Curitiba/PR – CEP: 80810-002
Tel. (41) 3156 - 4731
www.editoraappris.com.br

Printed in Brazil
Impresso no Brasil

Francisco de Assis Carvalho

O Deus que Espera

A psicologia do Perdão

Curitiba, PR
2025

FICHA TÉCNICA

EDITORIAL	Augusto V. de A. Coelho
	Sara C. de Andrade Coelho
COMITÊ EDITORIAL	Ana El Achkar (Universo/RJ)
	Andréa Barbosa Gouveia (UFPR)
	Jacques de Lima Ferreira (UNOESC)
	Marília Andrade Torales Campos (UFPR)
	Patrícia L. Torres (PUCPR)
	Roberta Ecleide Kelly (NEPE)
	Toni Reis (UP)
CONSULTORES	Luiz Carlos Oliveira
	Maria Tereza R. Pahl
	Marli C. de Andrade
SUPERVISORA EDITORIAL	Renata C. Lopes
PRODUÇÃO EDITORIAL	Sabrina Costa
REVISÃO	Camila Dias Manoel
DIAGRAMAÇÃO	Bruno Ferreira Nascimento
ILUSTRAÇÕES	Luís Henrique Alves Pinto
CAPA	Mariana Brito
REVISÃO DE PROVA	Alice Ramos

AGRADECIMENTOS

*Os que tiverem ensinado a muitos o caminho
da virtude brilharão como as estrelas por toda a
eternidade* (Dn 12,3).

Gratidão à Elisa Guimarães, que recentemente foi morar na Casa de Deus. Por suas aulas de Filologia da Língua Portuguesa e orientações no mestrado e doutorado na Universidade de São Paulo. Por sua amizade, acolhida, incentivo, aconselhamentos e testemunho de fé. Saudade, professora! Privilégio imenso foi para mim o de tê-la conhecido: estará sempre em meu coração e em minhas preces.

PREFÁCIO

As pessoas que mais amamos sempre serão as que mais teremos que perdoar. Isso porque nelas depositamos não somente nossas maiores expectativas, mas a nossa vida mesmo, sobretudo no que se refere a uma parcela do sentido que atribuímos à nossa existência. Somos seres relacionais, assim como o Deus que nos criou é uma comunidade relacional de Pessoas Divinas, Pai-Mãe e Filho e Espírito Santo. Parte considerável do sentido de nossas vidas está intimamente ligada aos nossos relacionamentos. Quem muito ama também precisará muito perdoar. A quem muito se dá, mais se exige (Lc 12, 48).

Porém, as pessoas deveriam mesmo receber tanta responsabilidade afetiva assim? É preciso cuidar para que não sobrecarreguemos os outros com o peso de nossos afetos. E nem a nós mesmos. O desafio da gratuidade e da leveza nas relações está posto.

O autor deste livro, o amigo Pe. Francisco de Assis Carvalho, nos introduz como ninguém na compreensão de que "o perdão é o principal desafio para o amor". A profundidade científica típica de um intelectual bem formado em diversas áreas do conhecimento humano (psicologia, filosofia, teologia, linguística) se conjuga com a perspicácia poética, o bom traquejo linguístico e, especialmente, com a espiritualidade aguçada de um sacerdote inquieto e experimentado na busca do Mistério que, por primeiro, o encontrou.

Desse modo, a leitora e o leitor estão diante de um livro que não fala somente às nossas cabeças, mas que, atento em fazer constantemente uma consideração integral da pessoa humana, nos introduz em um verdadeiro retiro espiritual. Sim, este livro é, na verdade, uma proposta mistagógica, pois nos convida e nos conduz a um encontro: com o mistério de nós mesmos, dos outros e do Outro.

Afetos e desafetos, encontros e desencontros, amores e desamores estão o tempo todo no horizonte reflexivo do autor, que nos ajuda a fazer um bom mergulho nas tramas e nos dramas da complexa existência humana. Amar e perdoar estão intimamente ligados e ambos são atos de grandeza que nos humanizam profundamente.

"Não te digo até sete vezes, mas até setenta vezes sete" (Mt 18, 22). Com esse ensinamento, podemos dizer que Jesus "sobe o sarrafo" na lógica do perdão. Devemos perdoar sempre, infinitamente, reincidentemente, assim Ele ensina. Como isso é possível? "Para Deus nada é impossível" (Lc 1, 37). Contudo, não somos deuses. Isso não é demais para nós? Ora, o foco desse ensinamento não deve ser a dificuldade de perdoar, mas a capacidade que temos de amar. Perdoar é se dar o direito de seguir amando a vida que a Vida nos deu, e sem as algemas das mágoas que nos cativam e nos mantêm reféns de um passado que, sem o perdão, não terá ainda passado. Como este livro do Francisco nos leva a pensar e a rezar essas verdades!

Ao ler esta obra também rezei e pensei numa condicionante que Jesus apresenta quando ensinou os seus discípulos a orar. Em uma das petições da oração do Pai Nosso, o Mestre ensina a pedir o perdão de Deus mais ou menos nestes termos: *"Perdoai-nos assim como nós perdoamos a quem nos tem ofendido"* (Mt 6, 12; Lc 11, 4). Esse "assim como" é assustador! Fica-me a sensação de que Deus não deveria levar tão a sério essa condicionante. Que Ele não nos perdoe "assim como" nós conseguimos perdoar! Por outro lado, que tomemos consciência da possibilidade sempre maior da magnanimidade de nossos atos. Talvez esse "assim como" não seja somente um condicionamento para recebermos o perdão de Deus, mas uma bela revelação de que sempre poderemos aumentar a medida da grandeza de nossas ações e, cada vez mais, sermos semelhantes ao Criador, que acredita tanto em nós. Também nós acreditamos tanto assim em nós mesmos e na imensidão da dignidade humana, mesmo diante de tantas fragilidades evidentes? Este livro nos ajuda a olhar além do que se vê de maneira mais imediata.

Entretanto, perdoar não é esquecer. Isso seria ingenuidade. Ou seria mesmo um sistema de defesa para que dores agudas sejam mitigadas ou mesmo falseadas, escondidas, recalcadas? O que a psicologia tem a nos dizer sobre isso, e sobre o perdão? Neste livro encontramos alguns indícios de respostas em diálogo com a Teologia e a fé católicas. O autor é ousado no diálogo inter e transdisciplinar.

A leitora e o leitor não se arrependerão de se aventurarem no encontro com as páginas deste livro, mesmo que porventura sintam a necessidade de discordar de alguma ideia. Mas o autor não tem a pretensão de ser simplesmente acreditado e aceito em tudo. Podemos e devemos dialogar com ele... Essa é uma de suas artimanhas para que esta obra seja, de fato, um retiro dialogal, crítico e profundo.

À vista do exposto, nos cabe perguntar: como está a qualidade de nossos amores? Como lidamos conscientemente com os desafios de nossos relacionamentos? Como temos assimilado as ofensas, as traições, as feridas que recebemos de outras pessoas? E aquelas que nós mesmos cometemos? O que fazemos com o que a nossa história intersubjetiva tem feito de nós? Sabemos perdoar? E sabemos também lidar com a arte de nos irritarmos e de nos chatearmos na medida certa? A propósito, que medida certa seria essa? Ela realmente existe? Assim como o amar e o perdoar, saber ficar irritado ou chateado com sensatez é também uma grande arte existencial.

Este livro, ainda que não pretenda responder a todas essas questões, nos ajuda a levantá-las. A leitora e o leitor poderão vivenciar estas e muitas outras indagações, a partir de suas próprias percepções pessoais.

Porém, não se assuste nem desanime! Aqui não temos somente questões inquietantes. A parábola do Pai-Mãe Misericordioso, analisada na última parte deste livro, também oferece luzes singulares e profundas, apresentadas com originalidade e contentamento pelo autor. É o núcleo da obra. Ali, temos a oportunidade de nos colocarmos diante e dentro do coração deste Deus-Misericórdia. E também no lugar do filho mais novo e no lugar do filho mais velho. Talvez vejamos um pouco de cada um deles em nós mesmos. E também um pouco do Pai-Mãe, do qual viemos e de quem somos à imagem e semelhança (Gn 1, 26-27). Parecidos momentaneamente com o filho mais novo ou com o filho mais velho, a verdade é que nós devemos nos parecer mesmo é com o Pai-Mãe Misericordioso. Essa é a referência, o ponto de partida e o ponto de chegada.

Obrigado, Francisco, por permitir que os temas que o instigaram até aqui em sua vida e em suas práticas clínica e sacerdotal se tornassem temas instigantes também para nós, que agora temos esta pérola em mãos. À leitora e ao leitor só posso desejar, então, uma ótima leitura, e tenho a ligeira certeza de que assim será.

Elvis Rezende Messias

Doutor em Filosofia da Educação pela Universidade Nove de Julho.
Professor do Instituto Federal do Triângulo Mineiro

Janeiro de 2025.

Tantas vezes me mataram
Tantas vezes eu morri
Mas agora estou aqui
Ressuscitando
Agradeço ao meu destino
E a essa mão com um punhal
Porque me matou tão mal
E eu segui cantando
Cantando ao sol
Como uma cigarra
Depois de um ano embaixo da terra
Igual a um sobrevivente
Regressando da guerra
Tantas vezes me afastaram
Tantas reapareci
E por tudo que vivi
vivi chorando
Mas depois de tanto pranto
Eu aos poucos percebi
Que o meu sonho não tem dono
E segui cantando

("La cigarra", de Maria Elena Walsh)

À minha primeira professora, D. Leila Albarez Nable, por sua ternura e acolhida, o ensino das primeiras letras, os teatros de fantoches e as inesquecíveis recordações do então Grupo Escolar Conselheiro Fidélis, de Aiuruoca/MG, e à professora de Língua Portuguesa Maria Dirce Siqueira, que, ao corrigir minhas redações, no ensino fundamental, honrosamente chamava-me de "Carlos Drummond de Andrade", incentivando-me a ler e a escrever. Meu muito obrigado a ambas.

À Diocese da Campanha, na pessoa do Exmo. Revmo. Dom Pedro Cunha Cruz, os irmãos sacerdotes, e o querido povo de Deus.

Ao amigo Pe. Edson Oliveira Penha, que com paciência escuta os meus textos e faz sugestões e críticas sempre inteligentes e pertinentes.

Ao Pe. Prof. Dr. Rivaldave Paz Torquato, que gentilmente me acolheu na Faculdade Jesuíta de Filosofia e Teologia, FAJE, como orientando de pós-doutorado em Teologia Bíblica.

Aos meus familiares e à Sandra Messora, pelo companheirismo e ajuda na elaboração deste trabalho, e a Luís Henrique Alves Pinto pelas ilustrações.

SUMÁRIO

INTRODUÇÃO 17

PARTE I
O PERDÃO

NAS FRONTEIRAS DA PSICOLOGIA 25

NAS FRONTEIRAS DA ESPIRITUALIDADE CRISTÃ 35

PARTE II
AS PARÁBOLAS DA MISERICÓRDIA
NO EVANGELHO DE LUCAS

PRESSUPOSTOS TEOLÓGICOS 45

PRESSUPOSTOS LINGUÍSTICOS 49

PARÁBOLA 51

PARTE III
ANÁLISE TEXTUAL DA
"PARÁBOLA DO FILHO PRÓDIGO"

PRELÚDIO 59

SER O FILHO MAIS NOVO 65

SER O FILHO MAIS VELHO 107

SER O DEUS PAI-MÃE MISERICORDIOSO 123

CONSIDERAÇÕES FINAIS 133

INTRODUÇÃO

O exercício do perdão se constitui em grande desafio para os nossos relacionamentos, seja no seio da família, da Igreja ou do trabalho; seja para conosco, para com Deus ou para com a vida. Na trama da intersubjetividade e na convivência com os outros, o amor está intrinsecamente relacionado com a capacidade de perdoar. O perdão é o principal desafio para o amor. Quando alguém se propõe a amar outra pessoa nas diversas teias de relações que são construídas, tais como no casamento, na amizade ou nos agrupamentos familiares e de trabalho, podem ocorrer desentendimentos e incompreensões constituídos pela indiferença, pelo ódio e pelo conflito e que culminam na "morte do outro", no afastamento ou no desejo de vingança. Desencontros e estranhamentos sempre acontecem em nossas relações humanas e *conviver* não é um verbo fácil de ser conjugado porque muitas vezes ocorrem esbarrões que limitam a nossa capacidade de amar. Maltratamos o amor, magoamos e ficamos magoados. É aí que o perdão se faz necessário no que se refere não somente a situações ou a eventos fora do comum, mas também a fatos que envolvem a vida cotidiana, situações de desilusão e frustração e expectativas com relação aos outros e a nós mesmos, na articulação das palavras e do silêncio.

A prática do perdão redimensiona o enfrentamento do que fazemos com o que fizeram para nós e nos coloca também diante daquilo que fizemos para os outros, principalmente quando ousamos recordar toda a nossa vida, com os seus fracassos e derrotas, com suas crueldades e falta de amor. Perante alguém que nos feriu, ofendeu ou traiu, afloram em nós sentimentos negativos, que muitas vezes desconhecíamos em nosso coração. Pensamos em vingança ou em "pagar com a mesma moeda" e, assim, corremos o risco de perder nossa identidade e a essência do amor que mora em nós, tornando-nos semelhantes ao inimigo ou ao ofensor. Abalados emocionalmente, podemos passar por fases e períodos de choque, desorientação, raiva, ódio, tristeza, culpa ou medo.

O tema do perdão sempre foi algo que me instigou, seja na orientação espiritual, seja na escuta psicológica. Como é difícil para algumas pessoas a prática do perdão, e como isso faz toda a diferença para que se viva de maneira feliz ou infeliz! Foi então que surgiu um convite para dirigir um "retiro espiritual" para os catequistas da Arquidiocese de Belo Horizonte, cujo conteúdo proposto teria como foco a prática do perdão. Então, depois de muito pensar e refletir sobre as dificuldades que envolvem esse assunto, tanto na esfera psicológica quanto na esfera espiritual, comecei a estudar o tópico e, depois de visitar e revisitar vários autores que trabalharam esse assunto, fui como que, aos poucos, me abeirando da maneira como o Mestre Jesus tratou e falou sobre a questão, aproximando-me assim do capítulo 15 do Evangelho de Lucas. A meditação da Parábola do Filho Pródigo, particular-mente, foi causando ressonâncias na minha vida. Fez-me pensar nas muitas vezes em que perdoar foi um gesto desafiador para mim tanto quanto pedir perdão. E, como numa espiral de descobertas que se entreabriam, percebi quanto também precisava perdoar e quanto, quase que na mesma proporção, precisava pedir perdão a todos aqueles que ofendi e magoei no percurso de minha vida, inclusive, além de Deus, a mim mesmo por ter permitido fazer coisas que me conduziram à infelicidade e também por ter deixado de fazer outras coisas que me conduzissem à verdadeira essência do meu ser, por tabus, por medos e por uma visão distorcida de um Deus Pai-Mãe, sumamente amoroso, generoso e compreensivo. A leitura da Parábola do Filho Pródigo tornou-se algo fascinante e encantador e, de tanto meditá-la, fui como que entrando na história, vendo-me personagem, numa análise transferencial e contratransferencial. E foi assim que amadureceu a proposta temática do retiro.

O retiro espiritual deve ser um tempo marcado pela interioridade, em que se para a vida para poder contemplá-la. A interioridade é a real força de um indivíduo e é onde acontece a capacidade de relacionar-se com o exterior, de reunir, de incluir, de possuir e possuir-se, de ligar o de fora com o de dentro. O espaço cósmico interior é o mais valioso, pois é a partir desse espaço que tudo adquire sentido. É onde se vive "o temor e o tremor", o risco, a opção, a liberdade.

As reflexões construídas neste pequeno livro têm cunho existencial, e voltam-se para o homem de fé que se intitula cristão e valoriza, como discípulo de Jesus, a prática do amor e do perdão. A necessidade, por vezes, de encontrarmos momentos de "parada", de reflexão, de reencontro com Deus, de redescoberta dos fundamentos da nossa missão. Essa paragem nunca será um tempo perdido; mas será uma forma de voltar a nossa vida para Deus e redescobrirmos os desafios que Ele nos faz, no âmbito da missão que nos foi confiada.

A experiência fundamental de estar sobre si se fundamenta no valor do silêncio e do *re – tiro* (tirar de novo). Ocasiões em que oportunizamos um retorno para dentro de nossa interioridade, tais como uma *re – visão*; um *re – conhecimento*; um *re – colhimento*; um *re – criar*; uma *re – feição* (novo rosto); um *re – aprender* (aprender de novo); um *re – tornar* (do latim *tornare*: "virar-se de novo"); um *re – generar* (do latim *regenerare*: "gerar de novo"); um *re – começar* (do latim *culminitiare*: "principiar de novo"); um *re – ssoar* (do latim *resonare*: "ecoar de novo"); uma *re – cordação* (do latim "*cor*": passar pelo coração) e uma *re – surreição* (do latim *resurgere*: "erguer-se de novo"). Infelizmente, corremos em demasia com os muitos trabalhos que a vida nos apresenta na luta pela sobrevivência, e eliminamos a capacidade de "perder tempo" e contemplar, lembrando as palavras de Jesus à Marta: "*Você está preocupada e se inquieta com muitas coisas; todavia apenas uma é necessária*" (Lc 10, 41-42). Certamente Jesus estava falando da contemplação. Ocorre que perdemos a capacidade de parar para pensar e refletir a vida, e de também esperar pelas respostas. Estas, muitas vezes, podem custar a chegar porque Deus tem o seu próprio tempo de dizê-las. Nós, pertencentes à geração do Agora, temos impaciência com o atraso. O mundo virtual e da internet possibilita-nos uma comunicação de perguntas e respostas quase instantâneas. Talvez seja por isso que Zygmunt Bauman[1] tenha afirmado que *"eliminamos a espera do nosso querer"*.

A dinâmica do perdão entrelaça a comunhão do amor quando falamos em amar e ser amado, perdoar e ser perdoado, bem como amar e perdoar a si mesmo. Para que isso aconteça, é preciso que tenhamos tempo e espaço para refletir sobre os acontecimentos da vida e as situações que nos envolvem. Isso pode se dar quando nos recolhemos em nosso centro. A experiência fundamental de estar sobre si fundamenta-se no valor do silêncio e do retiro. Silêncio do exterior e da confusão interior para preparar a escuta. Aqui, o retiro não é repouso ou fuga, mas encontro com a "sombra", com o não aceito, com a miséria e a riqueza, com o ruim e o heroico, com o desconhecido, o "sinistro" que em nós habita.

Depois da experiência desse retiro, em que a partilha de minhas reflexões foi muito bem acolhida, demandando o surgimento de outros convites, tomei a decisão de escrever essa explanação em forma de livro, com a intenção de compartilhar a quem possa interessar estas reflexões como itinerário de aprofundamento espiritual que conduza a um crescimento pessoal. A escrita deste livro, entretanto, teve como objetivo apresentar, por meio de uma linguagem simples, uma análise textual bíblica conjuminada com a psicologia, literatura, filosofia, teologia e experiências de vida de uma forma aberta, mas não superficial – o que tornaria o trabalho um exercício inconsistente –, nem demasiado profundo, numa erudição majestática. Mas, saiba o leitor que tenho consciência desta ousada empreitada e que sei

---

[1] BAUMAN, Z. *Sobre a educação e juventude*: Conversas com Ricardo Mazzeo. Rio de Janeiro: Zahar, 2013. p. 22.

que ela representa uma acrobacia de grande risco, e não estou de forma alguma convicto de ter evitado o tombo...

Há, todavia, neste percurso textual muito de mim e de minhas vivências, bem como das pessoas que escuto no meu dia a dia, tal qual dos autores lidos que também já lidaram com essa temática. Ajuntam-se aqui o trabalho do sacerdote, do psicólogo e do estudioso da linguagem.

Por isso, a organização deste trabalho seguiu uma disposição pedagógica e sucinta, tendo a reflexão sobre o perdão como fio condutor. Optei, ainda, por uma forma temática de apresentação do conteúdo, de modo a criar laços de continuidade e pontos de consonância enfeixados à guisa de um caminho reflexivo espiritual e psicológico.

Na Parte I, "O perdão", num primeiro momento, busquei construir uma reflexão dentro dos parâmetros da psicologia, "O perdão nas fronteiras da psicologia" quando engendrei selecionar um breve apanhado de ideias sobre como a psicologia entende o perdão em seus principais aspectos, ancorando-me no pensamento dos mais relevantes estudiosos que trataram o tema. Depois, em seguida, "O perdão nas fronteiras da espiritualidade cristã", considerei necessário mostrar como se configura o perdão dentro da proposta cristã e como ele se delineia como ensinamento evangélico.

Na Parte II, "As parábolas da misericórdia no Evangelho de Lucas", ocupei-me em apresentar os pressupostos teológicos do Evangelho de Lucas e suas principais características, bem como, os pressupostos linguísticos com as suas nuances relacionadas ao texto, contexto e intertextos e como podemos entender a parábola como gênero textual.

Na Parte III, "Análise textual da 'Parábola do Filho Pródigo'", efetuei uma releitura analítica detalhada da parábola, mesclando aspectos exegéticos e linguísticos, bem como históricos e teológicos conduzidos por um viés psicológico existencial, convidando o leitor "a entrar na parábola", tal como Alice, de

Lewis Carroll que, ao atravessar o espelho descobriu um universo fantástico, onde o tempo corria de trás para frente, reencontrando personagens conhecidos e conhecendo novos personagens, o que lhe proporcionou ficar *vis-à-vis* com o amor e o perdão e com o passado e o presente. O leitor tem diante de si essa proposta emblemática de entrar e se colocar no lugar do *Filho mais novo; do Filho mais Velho e do Pai-Mãe misericordioso.* Em cada momento, tal como num espelho que reflete a nossa alma, seremos convocados a contemplar a nós mesmos, com toda a nossa humanidade e o nosso anseio de conversão à condição de discípulos de Jesus.

Esta análise foi realizada com base em um estudo literário de cunho bíblico, respaldado nas perspectivas teóricas da linguística textual, área que compreende um estudo de doutoramento em Letras Clássicas e Vernáculas na Universidade de São Paulo, em que busquei combinar a análise literária com a análise histórico-linguística. E, em se tratando de um trabalho de narrativa bíblica, há que se relevar que a análise textual arrasta sempre uma atividade hermenêutica, que permite apurar significações acima de toda a mensagem literal e imediata que faz emergir a fluidez da mensagem e do sentido.

Por último, nas "**Considerações finais**", ressaltei a atualidade da parábola e a importância da fé para a efetivação do perdão como gesto humano e divino, compartilhando com o leitor as vezes em que fui e tenho sido o *Filho mais Novo,* o mais *Velho* e o meu contínuo esforço em configurar a minha vida no *Deus Pai-Mãe,* de amor infindável e misericordioso que me espera e ensina a esperar, tal como entoa o salmista: *"Espera pelo Senhor, sê firme! Fortalece teu coração e espera pelo Senhor!"* (Sl 27, 14).

PARTE I
O PERDÃO

E Deus escolheu as coisas humildes do mundo, e as desprezadas,
e aquelas que não são, para reduzir as que são.
(1ª. Carta aos Coríntios, 1,28)

NAS FRONTEIRAS DA PSICOLOGIA

Na sua raiz etimológica de origem medieval, o vocábulo "perdão" vem do verbo latino *perdonare*, que significa "reprimir e vencer o sentimento de ira e de rancor diante daquele que nos ofendeu e feriu"[2].

No latim culto, o equivalente a perdão é *venia*, permissão, licença, ainda presente na célebre expressão jurídica "*data venia*", licença concedida.

Embora o interesse pelo perdão nos estudos da ciência psicológica seja algo recente, o perdão sempre foi alvo de interesse pela filosofia e pela religião dentro da tradição judaico--cristã. Entretanto, a reflexão sobre esse assunto teve primazia entre os teólogos até meados dos anos 80, com a finalidade de aplicar concepções de cunho teológico para o entendimento do sofrimento mental. De tal maneira que o perdão foi assunto de interesse para ajudar as pessoas a superarem a ansiedade, a culpa e o ressentimento advindos do pecado, o que colaborava para a saúde mental do indivíduo[3].

A psicologia passou a ter um interesse crescente do perdão como uma questão terapêutica importante para o entendimento e o tratamento da saúde mental de pessoas adoecidas mentalmente, tais como os indivíduos vítimas de abuso sexual, mulheres que abortaram, familiares de alcoólatras, pessoas com deficiência, casais em crise ou separados, doentes terminais e pessoas enlutadas etc. O perdão passou, então, a ser estudado como resultado de complexos processos cognitivos, emocionais e comportamentais que se manifestam na forma como a pessoa assimila e vive a questão

---

[2] CUNHA, A. G. da. *Dicionário etimológico da língua portuguesa*. Rio de Janeiro: Nova Fronteira, 1986. p. 595.

[3] SCABINI, E.; ROSSI, G. *Dono e perdono nelle relazioni familiari*. Milano: Vita e Pensiero, 2000. p. 19.

da ofensa recebida. Os componentes emocionais referem-se às diferentes reações positivas ou negativas experimentadas tanto pela vítima como pelo agressor da ofensa, tais como a raiva, o desejo de vingança, a empatia e a compaixão alimentadas pela vítima em relação ao agressor, bem como a vergonha, a culpa ou o alívio diante do perdão recebido pelo ofensor. Os componentes cognitivos tornam-se maiores e relevantes na vítima, uma vez que esta é chamada a reelaborar o ocorrido, avaliando o delito sofrido e sua gravidade, identificando responsabilidades a este respeito, fazendo um balanço dos custos e benefícios resultantes. Essa reformulação poderá levar a vítima a optar pelo perdão ou, pelo contrário, a ruminar repetidamente sobre a ofensa, o que fomentará as atitudes iniciais vingativas voltadas para o ressentimento. Os componentes comportamentais manifestam-se na vítima com a exigência de explicações e adotando um comportamento mais conciliatório, enquanto no infrator com o pedido de desculpas ou atitudes de compensação ou justificativas[4].

A maioria dos autores tratam o tema do perdão relacionando-o com **a memória, o tempo, a liberdade, a gratuidade, a reconciliação, a empatia, o sentimento de culpa e a justiça.**

Em se tratando da **memória**, há certamente uma confusão quando relacionamos o perdão à memória, achando que perdoar é "simplesmente esquecer". Perdoar leva **tempo**, às vezes muito tempo, e quase sempre é um processo lento. E, quanto mais grave for a ofensa recebida, mais tempo será necessário para perdoar, podendo-se passar meses ou anos até que alguém possa perdoar completamente, ainda que a passagem do tempo em si não garanta o desenvolvimento do processo de perdão.

É preciso também levar em conta, além do tempo, que, para perdoar, é necessário desenvolver uma compreensão não somente das razões que nos feriram e das causas que tornaram

---

[4] ENRIGHT, R. D. The human development study group: the moral development of forgiveness. *In*: KURTINES, W.; GEWIRTZ, J. (ed.). *Handbook of moral behavior and development*. Hillsdale, NJ: Erlbaum, 1991. v. 1. p. 123-152.

isso possível, mas do porquê nos deixamos ferir. O que em nós tornou-se vulnerável. Se a capacidade de perdoar revela uma certa mobilidade e fluidez, ao contrário, o ressentimento, a incapacidade de perdoar revela uma certa rigidez mental que traz um sofrimento não atenuado pelo tempo.

O perdão deve oferecer à pessoa ofendida a capacidade de restaurar e ressignificar os relacionamentos destruídos, trazendo ao ofendido uma nova atitude em relação à pessoa que o fez sofrer ou a prejudicou, proporcionando a ela o despontar da possibilidade do nascimento de atitudes positivas.

A atitude de perdoar está voltada para as relações interpessoais nos mais variados confrontos e conflitos que travamos com as pessoas com as quais convivemos ou que nos prejudicaram, ou pode também voltar-se para si mesmo e ser compreendida como intrapsíquica, num processo de harmonizar-se e de ter que se passar por uma autoaceitação.

No que se refere à relação com os outros, a substituição das emoções negativas (raiva, vingança, indiferença e distanciamento) por emoções positivas (amor altruísta, empatia e compaixão) levam um certo tempo e, dependendo dos valores e maneiras de enfrentamento pessoal, definem o perdão como um conjunto de mudanças psicológicas que permite à pessoa ofendida tornar-se cada vez menos motivada para a vingança.

O perdão pode ser identificado como um fenômeno afetivo, cognitivo, emocional e comportamental que envolve o abandono das emoções negativas (hostilidade), cognições negativas (pensamentos de vingança) e comportamentos negativos (agressão verbal) em resposta a uma injustiça. De tal forma que, ainda que a ofensa permaneça na memória e que seja errado reduzir a atitude de perdoar ao esquecimento, uma pessoa pode agir de maneira livre e plena concedendo o perdão ao ofensor. Ocorre também que sentimentos negativos advindos da falta do perdão podem migrar para o corpo físico, tornarem-se crônicos e somáticos. Um *"corpo de palavras e sentimentos não ditos"* se desenha e se transforma em doenças físicas e em formas de extravasamento da raiva e do rancor[5]. Ensina Jean-Yves Leloup[6] que o corpo é frequentemente o último que perdoa. Sua memória é sempre muito viva e nele nada é esquecido, já que cada acontecimento vivido, particularmente na infância e também na vida adulta, deixa nele a sua marca profunda.

Em se tratando da **liberdade**, perdoar é sempre uma escolha pessoal incondicional, em que uma pessoa pode decidir prosseguir a sua vida, independentemente de quaisquer reações de arrependimento e contrição expressa pelo autor do delito, que poderia confessar e admitir o própria culpa e responsabilidade, dando explicações ou não fazendo isso. Na medida em que acontece o perdão, ocorre a liberdade do ir e vir, e não o aprisionamento com relação ao outro que causou a ofensa, afirmando: *não* posso vê-lo; incomoda-me encontrá-lo; não vou aos possíveis lugares onde poderia encontrá-lo.

Pelo seu caráter de liberdade, ou ausência de obrigação para com quem o oferece e, igualmente, ausência de obrigação de devolução com quem o recebe, o perdão assume uma função catártica quando proporciona a saída dos sentimentos negativos e ressentimentos, facilitando o alívio da dor causada pelo outro, ou por nós mesmos, quando nos tornamos implacáveis autojulgadores de nossos erros e fracassos.

O perdão é também uma atitude de coragem que proporciona **gratuidade**. Esta pode ser identificada como uma qualidade de ação na qual e pela qual um sujeito dá algo a si mesmo ou totalmente ao outro, mas sem esperar nada em troca. O perdão é verdadeiramente gratuito quando quem o oferece não pergunta se quem recebe merece ou não. A ausência de qualquer expectativa que não seja o benefício do outro é o que distingue a gratuidade. O processo que leva ao perdão nunca pode ser um dever, visto como uma obrigação. E não é possível perdoar sem exercer a liberdade de escolha. Para que seja considerado genuinamente gratuito, é

---

[5] RYE, M.; PARGAMENT, K. Forgiveness and romantic relationships in college: can it heal the wounded heart? *Journal of Clinical Psychology*, v. 58, p. 419-441, 2002. Disponível em: https://pubmed.ncbi.nlm.nih.gov/11920695/. Acesso em: 9 jan. 2025.

[6] LELOUP, J. *O corpo e seus símbolos*: uma antropologia essencial. Petrópolis: Vozes, 2015. p. 15.

necessário não alimentar nenhuma expectativa, o que significa permitir que aqueles que são perdoados façam o que quiserem do nosso perdão; caso contrário, o perdão se torna uma tentativa de controle do outro, um puro exercício de poder, em nome, por exemplo, de uma suposta superioridade moral, como se alguém pudesse dizer: eu te perdoo porque sou bom[7].

Lembro-me daquele rapaz que um dia me procurou solicitando ajuda para perdoar seu pai. Ele se considerava realizado e feliz na sua profissão e tinha conquistado tudo o que queria. Todavia, agora, já adulto, relatava a dificuldade de conseguir perdoar o pai, por ter vivenciado uma infância em que via a sua mãe sendo humilhada e massacrada por ele. Palavras grosseiras e comportamentos ligados ao alcoolismo. E a fase da adolescência marcada pela vergonha de ser filho de um pai tão violento e omisso nos seus deveres, e como consequência o envolvimento com as drogas e a imensa luta para se libertar do vício e perdoar.

Recordo-me também do relato das humilhações sofridas por uma viúva de seu marido falecido, as palavras torpes e baixas, criticando seu corpo e desvalorizando-a; as relações sexuais sem desejo e o ciúme doentio. Agora vivendo, depois da morte dele, um sentimento ambíguo de perda e libertação.

Outra história marcante é a de uma linda moça que passou, quando menina, pela experiência do *bullying* na escola onde estudava, agressões que envolveram palavras e intimidação porque ela tinha dentes muito grandes e tortos e não tinha condição de pagar um dentista, tendo que conviver com piadas e apelidos humilhantes a respeito de seus dentes e seu corpo.

E ainda, outra vez, acompanhei um rapaz que tentou por várias vezes tirar a sua vida porque tinha passado por muitas humilhações e rejeições, desde a sua infância, quando se descobriu gay, e que agora, já adulto e tendo um companheiro, não conseguia perdoar a mãe, que dizia que "preferia vê-lo morto" a ter que aceitar-lhe a sexualidade.

---

[7] SCABINI, E.; ROSSI, G. *Dono e perdono nelle relazioni familiari*. Milano: Vita e Pensiero, 2000.

Histórias de pessoas que carregam marcas e traumas de incompreensão e crueldade nem sempre fáceis de serem perdoados.

Certamente, um dos maiores equívocos que se comete é o de reduzir o perdão à atitude de **reconciliação**, ou seja, perdoar não é simplesmente "fazer as pazes", como insistimos em ensinar para as crianças dizendo a elas: vai agora mesmo dar um abraço no seu coleguinha e ficar de bem com ele! Não é fácil voltar a conviver e a tratar de maneira próxima e amável a quem dilacerou nossos sentimentos e machucou a nossa alma, ferindo a nós ou a uma pessoa que amamos. Dependendo da gravidade do acontecimento e do impacto emocional, o respeito ao **tempo** se faz necessário e obrigatório. Embora o perdão possa acontecer sem a reconciliação, a reconciliação não pode acontecer sem o perdão. Em outras palavras, perdoar é uma condição necessária, mas não é suficiente para que a reconciliação entre a vítima e o agressor possa facilmente vir a ocorrer.

O perdão não é um ato imediato, mas é o resultado de um longo trabalho psicológico, muitas vezes doloroso. A decisão de perdoar inicia uma jornada interna difícil, que envolve superar sentimentos negativos e assumir uma atitude positiva para com aquele que nos prejudicou. O perdão é um esforço, uma escolha que implica necessariamente um ato de vontade e simultaneamente um ato criativo que passa por um emaranhado de sentimentos e por obstáculos da incompreensão. Na verdade, não é possível cancelar o passado, mas apenas curar o sofrimento que ele nos causou, ressignificando-o.

Em minha escuta psicológica, posso constatar que a fala cura quando se transforma num ato criativo que transforma as pessoas de prisioneiras do seu passado em pessoas que ficam em paz com o seu passado. Perdoar é como deixar florescer uma flor escondida, originária, que, aos poucos, vai desabrochando sobre um fundo de dor e de vitória sobre nós mesmos[8].

---

[8] RUBIO, M. La virtù cristiana del perdono. *Concilium*, v. 22, n. 2, p. 107-126, 1986. Disponível em: https://issuu.com/studiosanpaolo/docs/synaxis_xxxiii_1-2015. Acesso em: 9 jan. 2025.

Certa vez, um jovem relatou a mim que odiava outro porque este lhe havia feito perder o trabalho e, ainda por cima, tomado a sua namorada. Contou que uma conselheira cartomante ensinara-lhe a escrever o nome do rapaz, seu inimigo, nas solas de todos os seus sapatos. E ele me dizia que isso o fizera sentir-se melhor, já que estava como que "pisando a todo momento" naquele que lhe havia causado tanto sofrimento. Entretanto, a sua procura por ajuda psicológica era devida ao excesso de ansiedade e de sentimentos negativos que não conseguia superar.

Sem sombra de dúvida que perdoar é necessário para a saúde mental de toda pessoa. Eu tenho percebido e posso afirmar que o que quer que não perdoamos nos aprisiona no passado e na revivência de algo que não faz mais sentido. E, se não perdoamos, passamos a ser controlados por quem nos ofendeu. E a raiva é capaz de destruir o sujeito a partir de seu próprio interior. E, quanto mais tentamos eliminar alguém que permanece vivo no nosso ressentimento, mais reforçamos a memória de um passado que vai corroendo a nossa vida e nos tornando infelizes. A pessoa fica prisioneira de si própria e passa a alimentar um ódio profundo por si, que muitas vezes se exprime na própria autopunição, agressividade, baixa estima e culpa[9].

Por outro lado, na medida em que promovemos um autoconhecimento maior de nós mesmos e fazemos a passagem para a aceitação de nossas vulnerabilidades e virtualidades, podemos ter na **empatia** uma das variáveis mais influentes na capacidade de perdoar os outros. O processo do perdão se torna mais fácil e concreto quando leva a pessoa ofendida a se colocar no lugar da outra pessoa e a perceber o seu mundo.

É quando podemos deixar emergir interrogações, tais como: O que é ser esta pessoa? Por que coisas passou que a fizeram tornar-se assim? Que bagagem carrega de história de vida com seus pais e familiares? Que sofrimentos se ocultam dentro desta

---

[9] STICKLER, G.; NUMUKOBWA, G. *Forza e fragilità delle radici*: bambini feriti da esperienze di traumi e di abbandono. La sfida dell'educazione. Roma: LAS, 2003. p. 18.

blindagem de agressividade? Sem um tratamento psicológico e sem uma cura espiritual, uma vez ferida, a pessoa poderá, portanto, de modo inconsciente, passar a identificar-se com quem o ofendeu ou feriu, imitando-o nos atos agressivos e incorporando as características da pessoa odiada. Isso ocorre, na medida em que podemos constatar, conforme as pesquisas, que, nas situações de abuso sexual ou de violência e agressividade, há como que *"um círculo vicioso de repetição"*[10].

Ainda a respeito do crescimento psicológico de uma pessoa, vale lembrar que, quando não conseguimos perdoar alguém ou alguma situação que nos feriu, pode-se instalar um **sentimento de culpa**, que transita pela vida afora, causando repercussões no plano moral e religioso, de modo muito visível sobre o sentimento de pecado, que impede uma boa relação consigo, com os outros e com Deus. O sentimento de culpa, quando é negativo, encerra o homem em si mesmo, tornando-o simultaneamente réu e juiz do seu comportamento, vítima e algoz[11].

Quando falamos em saúde mental na vida adulta, ouso afirmar que é necessário conviver e aceitar os próprios defeitos e fragilidades e promover uma integração de todos os aspectos vivenciados no percurso de nossa vida, principalmente na infância e juventude. É útil recordar nesse ponto as noções de *persona* e *sombra* dentro da teoria da personalidade de Jung. A persona está relacionada com o mundo exterior, àquilo que fazemos questão de mostrar e que nos define socialmente; enquanto a sombra se apresenta em oposição ao ego, é o lado obscuro, inferior, indiferenciado da personalidade, aquilo que o indivíduo rejeita e condena em si próprio[12]. O caminho para o perdão é o enfrentamento da

---

[10] JESUS, N. A. O círculo vicioso da violência sexual: do ofendido ao ofensor. *Psicologia, Ciência e Profissão*, Brasília, v. 26, n. 4, dez. 2006. Disponível em: https://www.scielo.br/j/pcp/a/PzWDxNT8S8XzNmzwvthYzrD/abstract/?lang=pt. Acesso em: 9 jan. 2025.

[11] GIULIANINI, A. *A capacidade de perdoar*: implicações psicológicas e espirituais. Lisboa: Paulus, 2005. p. 101.

[12] TODD, E. The value of confession and forgiveness according to Jung. *Journal of Religion and Health*, v. 24, n. 1, p. 39-48, 1985. Disponível em: https://pubmed.ncbi.nlm.nih.gov/24307192/. Acesso em: 9 jan. 2025.

nossa essência e uma jornada de autoconhecimento em que nos propomos enfrentar a obscuridade da sombra que nos constitui e nos torna rancorosos e magoados, incapazes de ir para além daquilo que nos feriu.

O tema do perdão se relaciona também à questão da **justiça**. O perdão cura o ódio porque deu vida a essa realidade, mas não altera os fatos e não elimina todas as consequências, o que pode dificultar muito o caminho da reconciliação. Mesmo sendo um ato de benevolência gratuita, perdoar não significa renunciar à aplicação da justiça. O Santo Papa São João Paulo II deixou um exemplo desta relação, quando perdoou o autor do atentado que quase lhe tirou a vida e foi visitá-lo na prisão, embora a justiça a esse homem estivesse sendo cumprida. Por isso, pode-se entender que o perdão só é sincero se houver permissão para que o infrator seja responsabilizado pelos seus atos. A palavra "justiça" comporta a noção moral de que deve se dar a cada um o que lhe é devido, mesmo que este devido não esteja fixado pelo costume ou pela lei.

Mediante a contextura dessas considerações de cunho psicológico, o que a espiritualidade cristã tem a acrescentar sobre a prática do perdão?

NAS FRONTEIRAS DA ESPIRITUALIDADE CRISTÃ

O perdão, na ótica da espiritualidade cristã, tem como característica específica a abertura para a transcendência, ou seja, a pessoa que crê perdoa porque foi perdoada por Deus. **O perdão está relacionado com o amor; a ação do Espírito Santo; a compreensão de que somos seres imperfeitos e a santificação da nossa vida.**

O termo espiritualidade significa a incessante busca de trazer o eterno ao que é temporal. A vida espiritual conduz a atitude de oração que nos possibilita aproximar de Deus e ouvir a sua voz. Não rezamos para ter poder, mas para confiar. E, muitas vezes, experimentamos a presença de Deus na lição da incompreensibilidade do sofrimento. Diante do amor de Deus em nossa vida, somos convidados a deixar de dividir as pessoas entre aquelas que merecem e aquelas que não merecem o nosso amor. Amar como Cristo amou significa participar do amor divino que não conhece distinção entre amigo e inimigo. Em certo sentido, inimigos se tornam inimigos somente por causa da nossa insistência em excluí-los do nosso coração. Jesus nos diz: *"Sede misericordiosos como o vosso Pai é misericordioso. Não julgueis, para não serdes julgados; não condeneis, para não serdes condenados; perdoai, e vos será perdoado"* (Lc 6, 36-37).

A Bíblia mostra que, se a essência de Deus é o amor, por outro lado, esse amor se manifesta no perdão. *"Lembra-te que foste escravo no Egito e que o Senhor, teu Deus, dali te libertou"* (Dt 24, 17-18). A apostasia que se segue após a Aliança que mereceria a destruição do povo (Ex 34, 6-7) é a ocasião para Deus se proclamar: *"Deus de ternura e de piedade, lento para a ira e rico em graça e em fidelidade, que tolera falta, transgressão e pecado, mas nada deixa impune*". Os salmistas confiam que Deus perdoa ao pecador que se acusa (Sl 32, 5), longe de querer perdê-lo (Sl 78, 38). Longe de desprezá-lo, reconforta-o, purificando e cumulando de alegria seu coração contrito e humilhado (Sl 51, 10-11).

No Antigo Testamento e na tradição judaica, a palavra hebraica mais utilizada (46 vezes) para traduzir o verbo perdoar é *"Salach"* e dois outros termos, *"Kapar"* e *"Nasa"*, que se refere ao perdão como dívida. Encontramos narrativas de perdão inter-relacional que se tornaram famosas, tais como a de Esaú que foi enganado e traído por seu irmão Jacó numa reconciliação marcada pela comoção quando *"Esaú, correndo ao seu encontro tomou-o em seus braços, arrojou-se-lhe ao pescoço e, chorando, o beijou"* (Gn 33, 4); de José e seus irmãos que o venderam: *"Então ele se lançou ao pescoço de seu irmão Benjamim e chorou. Benjamim também chorou em seu pescoço. Em seguida ele cobriu de beijos todos os seus irmãos e, abraçando-os, chorou"* (Gn 45, 14-15); e de Davi e Semei: *"Semei, filho de Gera, atirou-se aos pés do rei, quando ele atravessava o Jordão, e disse ao rei: 'Que o meu senhor não me tenha por culpado! E não te lembres do mal que o teu servo cometeu no dia em que o senhor meu rei saiu de Jerusalém'"* (2Sm 19, 16-24), entre outras.

No Novo Testamento, a palavra grega *"aphiemi"* traduzida como perdoar, aparece 45 vezes, 41 das quais só nos evangelhos e significa literalmente *"deixar ir"*. Jesus usou essa comparação ao ensinar seus seguidores a orar assim: *"Perdoa-nos os nossos pecados, pois nós também perdoamos a quem nos deve uma dívida"* (Lc 11, 4). Mesmo na parábola do escravo impiedoso, Jesus equiparou o perdão ao cancelamento de uma dívida (Mt 18, 23-35).

A vivência do Evangelho no dia a dia cristão é sempre desafiada pela prática do perdão como compromisso do **amor**. Jesus foi muito claro a este respeito quando de modo incisivo afirmou: *"Amai os vossos inimigos, perdoai aqueles que vos fizeram mal, rezai pelos vossos perseguidores"* (Mc 11, 25; Mt 5, 44-45; Lc 6, 27-28, 35-37). O perdão ocupa um papel central no ensino de Jesus, que revela que Deus é um Pai cuja alegria consiste em perdoar

(Lc 15) e cuja vontade é que ninguém se perca (Mt 18, 12-14). No mundo em que vivemos, é cada vez mais difícil acreditar no amor. Quem foi traído ou ferido uma vez tem medo de amar e ser amado, porque sabe quanto dói ver-se enganado. O desencanto e o cinismo são a marca da nossa cultura secularizada. Todas as pessoas precisam saber que Deus as ama, e ninguém melhor que os discípulos de Cristo para levar essa boa notícia a elas através da prática do perdão. A Palavra de Deus ensina que a base do verdadeiro perdão é o amor altruísta, porque o amor *não faz caso do mal* (1Cor 13, 4-7).

Outrossim, dentro da espiritualidade cristã, o perdão, ainda que seja um processo cansativo e difícil, ele se torna possível pela **ação do Espírito Santo**. Assim, é pela ação do Espírito de Deus atuando em nosso coração, que podemos, ainda que enfrentando o nosso orgulho, cancelar unilateralmente uma dívida, uma mágoa, um ferimento causado pelo outro ao nosso coração.

O perdão pedido por Jesus 70 vezes 7 (Mt 18, 22), isto é, sempre renovado para com quem pratica o mal, é o ponto mais alto da lei do amor ao próximo. As Escrituras deixam claro que este perdão às vezes é quase impossível para nós, tal como amar aos inimigos e que perdoar comporta absolver aqueles que nos ofenderam, lembrando que o verbo absolver, no latim, *ab* ("de longe, fora") e *solvere* ("afrouxar") tem o significado de perdoar, eximir.

Se alguém nos fere profundamente, antes de dizer-lhe "*Eu o perdoo*", devemos aprender a não responder com o mal, a não querer vingança. De tal forma que desarmar exige distância, ficar longe de quem está armado. Frequentemente, é necessário um longo silêncio, porque estamos fragilizados para responder e devemos confessar para nós mesmos que por enquanto, não para sempre, é impossível perdoar.

O perdão desenha a figura relacional de um triângulo, introduzindo o fator Deus, a possibilidade de vivermos o amor que contemplamos em Deus. O perdão não é assunto de dois, é coisa de três. No fundo, perdoar é dizer: é verdade que essa ofensa foi uma agressão, lesou abusivamente o meu ser, é uma coisa que não consigo desculpar completamente, que provavelmente não vou esquecer tão cedo ou nunca. Mas não quero desistir de amar e anseio afastar-me da lógica reativa da violência[13].

Simone Weil[14] escreveu que

> [...] nós não obtemos os presentes mais preciosos, partindo em sua busca, mas esperando por eles. Esta forma de olhar é, primeiro que tudo, atenta. A alma esvazia-se de todo o seu conteúdo a fim de receber o ser humano para o qual está a olhar, tal como ele é, em toda a sua verdade.

E ensinou que:

> *Perdoar os nossos devedores é renunciar em bloco a todo o passado. Aceitar que o futuro ainda seja virgem e intacto, pouco importam as circunstâncias, e que o dia de amanhã faça da nossa vida passada uma coisa estéril e vã.*

Reconhecendo-nos como **seres imperfeitos**: *"Não queirais todos ser mestres, pois sabeis que estamos sujeitos a mais severo julgamento, porque todos nós tropeçamos frequentemente"* (Tg 3, 1-2); ficamos felizes quando alguém nos perdoa, da mesma forma que devemos perdoar quem comete um erro contra nós. Jesus nos apresenta uma regra de ouro, afirmando: *"Tudo aquilo, portanto, que quereis que os homens vos façam, fazei-o vós a eles, pois esta é a Lei e os Profetas"* (Mt 7, 12). Nós cristãos somos chamados a perdoar *"sempre"*. É este o significado na linguagem evangélica *"70 vezes 7"*. Portanto, quando estamos em dívida com alguém e principalmente quando alguém tem uma dívida conosco que não pode pagar, só resta o perdão. Assim ensina o Papa Francisco na

---

[13] MENDONÇA, J. T. *Pai nosso que estais na terra*: o Pai-Nosso aberto a crentes e não crentes. São Paulo: Paulinas, 2013. p. 110.

[14] WEIL, S. *Espera de Deus*: cartas escritas de 19 de janeiro a 26 de maio de 1942. Tradução de Karin Andrade Guise. Petrópolis: Vozes, 2019. p. 170.

Exortação Apostólica *Evangelii Gaudium*, 114: *"A Igreja deve ser o lugar da misericórdia gratuita, onde todos possam sentir-se acolhidos, amados, perdoados e animados a viverem segundo a vida boa do Evangelho".*[15]

A expressão *"nós perdoamos"* tem a ver com a circulação de Deus em nós. Exige, muitas vezes, um trabalho difícil e complexo em que precisa haver esforço para superar os sentimentos negativos que podem coexistir em nosso coração, como a mágoa e a amargura. O perdão não é uma coisa que crio em mim. É uma coisa que deixo Deus fazer em mim e que me ajuda a *"cancelar a dívida"* e o desejo de vingança. E, como vimos anteriormente, a falta do perdão pode nos manter atados ao ofensor. O ato de perdoar ajuda a nos desprendermos e nos livrarmos do mal que ocorreu e, quando deixamos de carregar os pesos de ontem, descobrirmos as asas de hoje.

A falta do perdão impede-nos de viver o processo de **santificação da nossa vida**: *"Pois, se perdoardes aos homens os seus delitos, também o vosso Pai celeste vos perdoará; mas se* não *perdoardes aos homens, o vosso Pai também não perdoará os vossos delitos"* (Mt 6, 14-15); aquele que se nega a perdoar é como alguém que tomando um veneno espera que outra pessoa morra. A amargura é como um câncer que destrói por dentro a pessoa que se amarga. A falta de perdão causa também ansiedade e até a depressão espiritual. Quando não perdoamos quebramos nossa relação com Deus, e isso pode nos conduzir a diferentes e confusas relações emocionais, sociais e espirituais.

Depois dessas reflexões, eu o convido, querido leitor, na Parte II, a atravessar os umbrais da casa de Lucas, capítulo 15, onde pulsa "o coração" do seu Evangelho, em que Jesus contou as parábolas da misericórdia.

---

[15] PAPA FRANCISCO. *Evangelii Gaudium*: a alegria do Evangelho: sobre o anúncio do Evangelho no mundo atual. São Paulo: Paulus, Loyola, 2013.

PARTE II

AS PARÁBOLAS DA MISERICÓRDIA NO EVANGELHO DE LUCAS

(Lucas 15, 1-32)

Todos os publicanos e pecadores estavam se aproximando para ouvi-lo. Os fariseus e os escribas, porém, murmuravam: "Esse homem recebe os pecadores e come com eles!" Contou-lhes, então, esta parábola:

A ovelha perdida – "Qual de vós, tendo cem ovelhas e perde uma, não abandona as noventa e nove no deserto e vai em busca daquela que se perdeu, até encontrá-la? E achando-a, alegre a coloca sobre os ombros e, de volta para casa, convoca os amigos e os vizinhos, dizendo-lhes: 'Alegrai-vos comigo, porque encontrei a minha ovelha perdida!' Eu vos digo que do mesmo modo haverá mais alegria no céu por um só pecador que se arrependa, do que por noventa e nove justos que não precisam de arrependimento.

A dracma perdida – Ou qual a mulher que, tendo dez dracmas e perde uma, não acende uma lâmpada, varre a casa e procura cuidadosamente até encontrá-la? E encontrando-a, convoca as amigas e vizinhas, e diz: Alegrai-vos comigo, porque encontrei a dracma que havia perdido! Eu vos digo que, do mesmo modo, há alegria diante dos anjos de Deus por um só pecador que se arrependa".

O filho perdido e o filho fiel: o filho pródigo - Disse ainda: "Um homem tinha dois filhos. O mais jovem disse ao pai: 'Pai, dá-me a parte da herança que me cabe'. E o pai dividiu os bens entre eles. Poucos dias depois, ajuntando todos os seus haveres, o filho mais jovem partiu para uma região longínqua e ali dissipou sua herança numa vida devassa.

E gastou tudo. Sobreveio àquela região uma grande fome e ele começou a passar privações. Foi, então, empregar-se com um dos homens daquela região, que o mandou para seus campos cuidar dos porcos. Ele queria matar a fome com as bolotas que os porcos comiam, mas ninguém lhe dava. E caindo em si, disse: 'Quantos empregados de meu pai têm pão com fartura, e eu aqui, morrendo de fome! Vou-me embora, procurar o meu pai e dizer-lhe: Pai, pequei contra o Céu e contra ti; já não sou digno de ser chamado teu filho. Trata-me como um dos teus empregados'. Partiu, então, e foi ao encontro de seu pai.

Ele estava ainda ao longe, quando seu pai viu-o, encheu-se de compaixão, correu e lançou-se-lhe ao pescoço, cobrindo-o de beijos. O filho, então, disse-lhe: 'Pai, pequei contra o Céu e contra ti; já não sou digno de ser chamado teu filho'. Mas o pai disse aos seus servos: 'Ide depressa, trazei a melhor túnica e revesti-o com ela, ponde-lhe um anel no dedo e sandálias nos pés. Trazei o novilho cevado e matai-o; comamos e festejemos, pois, este meu filho estava morto e tornou a viver; estava perdido e foi reencontrado!' E começaram a festejar.

Seu filho mais velho estava no campo. Quando voltava, já perto de casa ouviu músicas e danças. Chamando um servo, perguntou-lhe o que estava acontecendo. Este lhe disse: 'É teu irmão que voltou e teu pai matou o novilho cevado, porque o recuperou com saúde'. Então ele ficou com muita raiva e não queria entrar. Seu pai saiu para suplicar-lhe. Ele, porém, respondeu a seu pai: 'Há tantos anos que eu te sirvo, e jamais transgredi um só dos teus mandamentos, e nunca me deste um cabrito para festejar com meus amigos. Contudo, veio esse teu filho, que devorou teus bens com prostitutas, e para ele matas o novilho cevado'.

Mas, o pai lhe disse: 'Filho, tu estás sempre comigo, e tudo o que é meu é teu. Mas era preciso que festejássemos e nos alegrássemos, pois esse teu irmão estava morto e tornou a viver; ele estava perdido e foi reencontrado!'"[16]

---

[16] A BÍBLIA de Jerusalém. São Paulo: Edições Paulinas, 2020. p. 1959.

PRESSUPOSTOS TEOLÓGICOS

A Parábola do Filho Pródigo faz parte do conjunto de histórias contadas por Jesus no Capítulo 15 do Evangelho de São Lucas. Lucas é o terceiro evangelho do Novo Testamento e foi escrito numa comunidade profundamente marcada pela cultura grega, por volta da segunda metade do primeiro século, entre os anos 80 - 90 d.C. Lucas escreve num tipo de grego helenístico que relembra fortemente a Septuaginta (versão grega do Antigo Testamento). O autor conheceu o Evangelho de Marcos e o usou como base, mas também adicionou algumas memórias próprias e destacou diferentes aspectos de Marcos. Foi ele o único apóstolo que não era judeu, e sua obra se compõe de dois livros, o Evangelho *"Obras de Jesus no Espírito Santo"* e Os Atos dos Apóstolos *"Obras do Espírito Santo na Igreja de Jesus".* Em termos literários, Lucas e Atos são os textos mais bem escritos do Novo Testamento.

Lucas é um evangelista e um historiador. Como evangelista ele anuncia a boa nova de Jesus e como historiador ele reflete os acontecimentos em torno da pessoa de Jesus e do início da Igreja. Ele se movimenta dentro das tradições helenistas (de *Hélade*: nome antigo da Grécia que se intitulava como "morada dos deuses") e judeu-cristã: o passado é representado pelo Antigo Testamento; o presente pela pessoa de Jesus e o futuro acontece pela ação da Igreja, de tal forma que o objetivo da obra de Lucas se fundamenta em três momentos da história salvífica: Israel, Jesus e Igreja.

Tudo o que está escrito em seu eloquente evangelho foi adquirido por meio de pesquisas, ouvindo testemunhas, a mãe de Jesus, os discípulos e os apóstolos. Segundo os estudiosos, Lucas não conheceu Jesus, e sua primeira visita a Israel aconteceu quase um ano depois da crucificação. O Evangelho de Lucas foi escrito diante de uma nova situação contextual: Jerusalém e o Templo haviam sido destruídos e a comunidade cristã daquela cidade não existia mais. As comunidades judaicas rejeitavam cada vez mais as comunidades cristãs que estavam cheias de pagãos (gente não judia) e que não esperavam mais pela vinda próxima de Jesus. Havia o perigo de se esquecer o Antigo Testamento e de não vivenciar o seguimento de Jesus. Bem como havia também a presença dos *gnósticos* (grupo fechado que transformava a fé em uma ideologia espiritualista).

Lucas destina o seu evangelho a Teófilo (Lc 1,3). Há diversas interpretações para esse nome: seria um homem nobre e rico que patrocinou a obra (algo bastante comum para a época)? Ou é um nome simbólico: "O amigo de Deus" (*theos- filos*)? Entretanto, quando lemos o livro dos Atos dos Apóstolos compreendemos que os verdadeiros destinatários da obra lucana são as comunidades cristãs que se encontravam no império romano. Quanto à autoria, foi a partir do século II d.C. que o terceiro evangelho foi atribuído a Lucas, talvez um cristão convertido companheiro de Paulo (Cl 4, 14; 2Tm 4, 11; Fm 24).

Algumas peculiaridades presentes no Evangelho de Lucas o fazem ser chamado de "Evangelho da Misericórdia" porque ele ressalta ou "faz questão" de mostrar um Jesus muito próximo dos pobres e pecadores em narrativas, tais como: a pecadora perdoada (7, 36-50); Zaqueu (19, 1-10); o "bom ladrão" (23, 34-43) e insiste em mostrar a ternura de Jesus para com os humildes, enquanto que os orgulhosos e os ricos serão tratados com severidade: *O Magnificat* (1, 51-53); as bem-aventuranças (6, 20-26); o não entesourar (12, 13-21); a escolha dos lugares (14, 7-11); o mau rico e o pobre Lázaro (16, 19-31). Enfatiza a importância da oração (11, 5-8; 18, 1-8) e apresenta Maria como modelo de discipulado (1, 28-38; 8, 21; 11, 27)

Pode ser chamado também de "Evangelho do Caminho", já que Jesus percorre o caminho da Galiléia a Jerusalém, onde viverá a sua condenação, morte e ressurreição. Será lá também que se dará o início da missão dos discípulos. O caminho que todo cristão deve percorrer com o mestre exige oração (Lc 11, 1-13); misericórdia (Lc 10, 29-37) e renúncia (Lc 9, 57-62).

É dentro desse contexto que Lucas retomou o caráter histórico da fé que nasce de fatos e se realiza no seio da humanidade. Seu trabalho vai da Galileia a Jerusalém (Evangelho) e de Jerusalém a Roma, capital do mundo (Atos). Assim, Lucas se junta ao AT, mas ao mesmo tempo se distancia dele, enfatizando o universalismo da fé (Roma) e colocando Jesus Cristo no centro da História. Ele abandonou a ideia do retorno imediato do Senhor, deixando o fim totalmente indeterminado (21, 9). Jesus é chamado de *Kyrios* (Senhor), de profeta dos pobres, já no início de sua missão (4, 18), e, especialmente, de Salvador (2, 11).

Após esses apontamentos de ordem bíblico-teológica a respeito do Evangelho de Lucas, conduzimos o leitor para a apresentação dos pressupostos linguísticos que guiarão as análises que serão empreendidas com relação à textualidade.

PRESSUPOSTOS LINGUÍSTICOS

A análise textual que propusemos realizar neste trabalho pressupõe, fundamentalmente, sob o olhar da linguística textual, uma análise de fundamentação exegética[17] (*exegese:* do grego εξήγηση, exposição de fatos históricos, interpretação, comentário) que será conduzida, devagar, passo a passo, prestando atenção aos detalhes enviesando as relações de sentido literal com o sentido figurativo para identificar os traços propriamente semânticos da parábola contada por Jesus.

A origem etimológica do termo "**texto**" encontra-se no latim *textus*, de *textum*, tecido, entrelaçamento. A tessitura das palavras e dos signos linguísticos organiza-se dentro de uma **microestrutura**, que pode ser definida como um conjunto articulado de frases, resultante da conexão dos mecanismos léxico-gramaticais que integram a superfície textual; e de uma **macroestrutura**, entendida como estrutura que se identifica com o significado global do texto[18].

Em relação à situação discursiva, o texto constitui-se em **unidade de sentido** que supõe também um **contexto**, que pode ser definido como conjunto de palavras, frases, ou o texto que precede ou se segue à determinada palavra, frase ou texto, e que contribuem para o seu significado; ou tem a finalidade de realizar um encadeamento do discurso. Cada texto é compreensível somente a partir de um contexto do qual ele foi retirado e para o qual reenvia[19].

Dentro da construção textual, pode ocorrer a **intertextualidade**. O intertexto é um texto entre outros textos, que é

---

[17] SILVA, D. da. *De onde vêm as palavras:* origens e curiosidades da língua portuguesa. 17. ed. Rio de Janeiro: Lexikon, 2014. p. 188.

[18] GUIMARÃES, E. *A articulação do texto.* São Paulo: Editora Ática, 2006. p. 21.

[19] GUIMARÃES, E. *Texto, discurso e ensino.* São Paulo: Contexto, 2009. p. 76.

sempre o processo de incorporação de um texto em outro no funcionamento de mecanismos diversificados, tais como a **citação** (ilustração de apoio com função puramente auxiliar que pode colaborar na interdiscursividade); a **alusão** (referência pouco precisa ou indireta a alguém ou alguma coisa), a **estilização** (visa ao aprimoramento do texto disseminando fragmentos de sentido conhecidos pelo leitor)[20].

Como todo texto dialoga com outros textos que o precedem, o texto da Parábola do Filho Pródigo, que constitui o *corpus* de análise deste livro, não foge à regra. Nele, encontram-se inúmeras referências a diversos textos, sejam os textos bíblicos, sejam os literários ou teóricos que serviram de referências às análises efetuadas em paralelo com a parábola, sejam os de caráter narrativo ou existencial. É importante ressaltar que as referências feitas a outros textos foram sempre marcadas pelas aspas, por itálico ou com a indicação da fonte.

As relações entre **texto**, **contexto** e **intertexto** serviram de base para a análise textual da Parábola do Filho Pródigo, possibilitando uma melhor compreensão hermenêutica[21] na relação intertextual com textos já escritos ou já elaborados pela cultura judaica do Antigo Testamento, bem como evidenciando a relação com outros textos do Novo Testamento e suas estruturas narrativas.[22]

Jesus utilizava-se de parábolas para ensinar e facilitar ao povo o entendimento dos seus ensinamentos. Afinal de contas, o que é uma parábola?

---

[20] MARTÍNEZ FERNÁNDEZ, J. E. *La intertextualidad literária*: base teórica y práctica textual. Madrid: Ediciones Cátedra, 2001. p. 37.

[21] O termo "hermenêutica" tem por etimologia a palavra grega "ερμηνευτική", que tem o significado de "a arte de interpretar". GRONDIN, J. *Hermenêutica*. São Paulo: Parábola Editorial, 2012. p.12.

[22] VAN DIJK, T. A. *La ciencia del texto*: un enfoque interdisciplinario. Barcelona: Paidós, 1978. p. 153.

PARÁBOLA

A parábola (do grego, παραβολή) expressa a ideia de comparação e, desde a Igreja primitiva pode ser compreendida como uma história contada por Jesus para ilustrar seu ensinamento. Dentro da Retórica Clássica, no anseio de persuadir seu auditório (ouvintes), Jesus lança mão do gênero parabólico, que lhe proporciona utilizar-se de símbolos variados e cotidianos; imagens tomadas das realidades terrestres e cotidianas para serem sinais das realidades transcendentais reveladas por Deus.

A parábola é a tradução grega da palavra hebraica "mashal". O *mashal* era a sentença sapiencial. Podia ser uma frase, um dito, um enigma, uma charada, cujo objetivo era falar de um acontecimento que fosse capaz de ensinar alguma coisa. Os rabinos e os sábios de Israel ensinavam contando parábolas.

A parábola é uma **narrativa**. As narrativas começam com a própria história da humanidade e fazem parte de todas as civilizações e apresentam-se sob os mais variados gêneros. Para Aristóteles, uma das características da arte era a *mímesis*, a narrativa (*diegesis*) é uma das formas de imitação poética; a outra seria a imitação direta feita por atores falando a um público (gênero dramático). Qualquer estudo que se volte à narrativa tem como objeto de investigação o texto.

A parábola pode ser definida como uma história contada de maneiras diferentes, mas que, constituindo-se em alegoria, intenciona ilustrar uma verdade que traz lições de cunho ético e moral. Não há dúvida, o gênio oriental gosta de falar e instruir sob a forma de comparação; tendo uma certa tendência para o enigma, a curiosidade.[23] A parábola utiliza-se de imagens tomadas da realidade para demonstrar realidades reveladas por Deus,

---

[23] LÉON-DUFOUR, X. *Vocabulário de Teologia Bíblica*. Petrópolis: Vozes, 2013. p. 711.

precisando, na maioria dos casos, de uma explicação que leve ao aprofundamento das questões de cunho moral e religioso.

Quando falamos em parábola, estamos falando de um **gênero textual**. Os gêneros estão relacionados a *"esferas da atividade humana"* e estão presentes em todos os âmbitos da comunicação. Os gêneros (orais ou escritos) são formas relativamente estáveis de enunciados e manifestam três características: conteúdo temático (conjunto de temas que podem ser abordados pelo gênero); estrutura composicional (forma como o texto é organizado) e estilo (procedimentos linguísticos utilizados). Cabe aqui também mencionar os estudos de Bakhtin, que tratam da polifonia e da dialogicidade interna do discurso, de suas implicações quanto ao "já-dito", que traduzem, de certo modo, a tensão inscrita na produção textual: o discurso é orientado ao mesmo tempo para o discurso-resposta que é dominado pela memória de outros discursos, daí a importância de se conhecer o universo contextual discursivo, ou seja, o conjunto de **campos discursivos** que marcam uma determinada época e contexto. Por exemplo, para melhor conhecer a parábola do filho pródigo faz-se necessário buscar em outros textos bíblicos a dialogicidade que se manifesta na intertextualidade.[24]

O estudo dos gêneros literários, de acordo com os teólogos do Novo Testamento, não são meramente instrumentos classificatórios ou taxonômicos, mas produtores genuínos de significado.

O método hermenêutico mais influente e importante da teologia cristã contemporânea, o de Rudolf Bultmann e seus seguidores, tem se preocupado, de acordo com a hermenêutica romântica de Schleiermacher-Dilthey, em encontrar o significado do texto por trás do texto (quer da emergente comunidade cristã, quer no da vida de Jesus, na reação do destinatário original)[25].

---

[24] BAKHTIN, M. *Os gêneros do discurso*: estética da criação verbal. 3. ed. São Paulo: Martins Fontes, 2000.

[25] SILVA, M. *Abordagens contemporâneas na interpretação bíblica*. Disponível em: https://cpaj.mackenzie.br/fileadmin/user_upload/7_Abordagens_Contemporaneas_na_Interpretacao_Biblica_Moises_Silva.pdf. Acesso em: 13 jan. 2025.

De acordo com Paul Ricoeur, uma parábola pode ser descrita como a conjunção de uma forma narrativa como um processo metafórico; assim, representa a forma como o ser humano simplifica o entendimento de questões complexas, seja porque precisa decidir a partir de informações incompletas ou porque se encontra em situações de incerteza[26].

Jesus ensinava pelas parábolas e dialogava com a multidão e com os seus adversários. Ele transmitia seus ensinamentos a partir de coisas concretas da vida e mostrava uma pedagogia aberta que deixava aos ouvintes (auditório) a tomada de decisão. Essa característica é própria desse gênero textual: uma interpretação aberta que possibilita diversas interpretações.

Jesus, no capítulo 15 do Evangelho de Lucas, conta três parábolas que refletem a compaixão de Deus. A palavra "compaixão" vem do latim *compassio*, que significa o ato de partilhar o sofrimento de outra pessoa. Em latim, *compassio* significa *entender a dor de outra pessoa e sentir dó de seu sofrimento*. A pessoa que sente *compassio*, ou compaixão, consegue se pôr nos sapatos de outra pessoa que está sofrendo, entendendo aquilo pelo qual está passando. Essa compreensão leva ao desejo de ajudar, partilhando o peso da dor[27].

As parábolas que antecedem a narrativa do Filho Pródigo descrevem um mesmo assunto e temática: o pastor que, tendo cem ovelhas, ao perder uma, revela-se extremamente preocupado e cuidadoso para reavê-la; a mulher que, tendo dez moedas, ao perder uma dentro de sua casa, passa a procurá-la com extremado zelo até encontrá-la. Em ambas, o desfecho da história é festivo e celebrativo. A ovelha perdida: *"Eu vos digo que do modo haverá mais alegria no céu por um só pecador que se arrependa, do que por noventa e nove justos que não precisam de arrependimento"* (15, 7); A moeda perdida: *"Eu vos digo que, do mesmo modo, há alegria diante dos anjos de Deus por um só pecador que se arrependa"* (15, 10) Há

---

[26] RICOEUR, P. *Teoria da interpretação*. Lisboa: Edições 70, 1996. p. 64.

[27] CUNHA, A. G. da. *Dicionário etimológico*. Rio de Janeiro: Nova Fronteira, 1986. p. 200.

aqui como que uma intencionalidade de progressão textual, em que se pretende despertar no ouvinte ou leitor da narrativa um apelo dramático, cujo ápice vai se dar na comovente história do filho que pede a parte da herança ao pai e na forma como seu irmão reage diante do seu retorno[28].

A narrativa segue uma graduação que visa "seduzir" o leitor. Ainda cabe acrescentar que as duas parábolas anteriores tratam de um animal que pertence a um pastor; e de uma moeda que pertence a uma mulher. Tanto o pastor como a mulher não eram muito valorizados pelos fariseus. Os pastores tinham má reputação e eram desprezados pelos fariseus, assim como os condutores de camelos e os curtidores de couro. No tempo de Jesus, contar uma parábola tendo uma mulher como personagem requeria uma grande ousadia moral. Jesus, com isso, está rejeitando o preconceito das atitudes farisaicas voltado para os grupos minoritários da sociedade que consideravam a mulher como inferior.[29]

Entretanto. Ambas as parábolas, tanto a da Ovelha Perdida quanto a da Dracma Perdida, não têm a força persuasiva dos laços familiares que tocam o coração no que tange à dinâmica de perda-encontro na perspectiva familiar da Parábola do Filho Pródigo, criando dimensões do *logos*, do *ethos* e do *pathos* muito bem delineados pela Retórica aristotélica. O mérito de Aristóteles foi demonstrar que os discursos podem ser classificados segundo o auditório e segundo a finalidade. Ele aponta três tipos de argumentos que o orador pode utilizar para persuadir o ouvinte ou leitor: o *ethos* (constitui-se pelo caráter moral que o orador precisa ter e por aquilo que ele anseia convencer e conduzir no comportamento do auditório); o *pathos* (é o conjunto de emoções, paixões e sentimentos que o orador deseja suscitar no auditório com o seu discurso na ordem psicológica e afetiva); o *logos* (relaciona-se aos aspectos racionais do discurso e dos argumentos

---

[28] GREEN, J. B. *The gospel of Luke*: The new international commentary on the N, T. Michigan; Cambridge, U.K.: Eerdmans Publishing Company: Grand Rapids, 1997.

[29] JEREMIAS, J. *Jerusalém no tempo de Jesus*: Pesquisas de história econômico-social no período neotestamentário. São Paulo: Paulinas, 1983.

que fundamentalmente podem ser quase-lógicos; baseados na estrutura do real ou que dissociam uma noção).[30]

A parábola do filho pródigo e sua organização narrativa (*logos*) suscita emoções (*pathos*) em todos os tempos e culturas e faz repensar o comportamento (*ethos*) humano no que se refere às relações familiares e à relação com Deus. Ela resiste ao tempo e a todas as mudanças de ordenamento social, porque carrega arquétipos fundamentais que a tornam atemporal.

Arquétipos podem ser definidos como padrões de comportamento, imagens ou símbolos que representam aspectos universais da psique humana. Este conceito foi desenvolvido pelo psiquiatra suíço Carl Jung[31]. Um arquétipo é um símbolo ou tipo de personagem ou história que se repete na literatura e que estabelece conexão com conteúdos significativos para a humanidade, sejam eles conscientes ou inconscientes. Filhos errantes são tão universais quanto o tempo. Na expressão de Tobert[32]: "*A parábola do filho pródigo deve falar de maneira convincente a alguma camada profunda da psique humana para que tenha mantido a sua proeminência na tradição cristã*".

De tal maneira que o filho pródigo, inicialmente, ao sair em busca da liberdade e da felicidade não tem consciência de que a sua jornada de sofrimentos vai possibilitar a ele passar por uma experiência profunda e esclarecedora que o conduzirá a uma transformação interior. Antes de retornar à casa paterna ele precisou fazer a experiência da busca do significado de sua vida. E foi na distância do pai e nas provações que passou que ele, de fato, encontrou o sentido e o real valor da vida. Nenhuma introdução à literatura bíblica pode ser completa sem insistir em

---

[30] ARISTÓTELES. *Retórica das paixões*. São Paulo: Martins Fontes, 2000.

[31] Do grego αρχέτυπο significa modelo ou padrão. Termo apresentado em 1919 por Carl G. Jung, psicólogo e psicanalista suíço (1875-1961), para designar o conjunto de imagens psíquicas que existem no inconsciente coletivo que são património comum de toda a humanidade. JUNG. C. G. *O homem e seus símbolos*. Rio de Janeiro: Nova Fronteira, 2016. p. 128.

[32] TOLBERT, M. A. *Perspectives on the Parables*: Approach to Multiple Interpretations. Philadelphia: Fortress, 1979. p. 96.

conteúdo de caráter arquetípico que tenha a ver com a nossas experiências humanas, medos, anseios, esperanças e buscas.

O filho pródigo faz a sua jornada entre a zona de familiaridade para a zona desconhecida, e da zona desconhecida para zona de familiaridade. Este caminho será iluminador, na medida que ele não tem ciência de que a sua busca é, na verdade, uma resposta a um chamado que o conduz a passar pela transformação da sua *psiqué,* possibilitando um encontro com a sua alma e com o sentido da sua vida.

Tendo em vista que todo texto supõe um contexto (*[ou um pretexto: algo que esconda os reais motivos de alguma coisa?]*) que se refere às circunstâncias, ambiente, antecedentes históricos e culturas, o leitor será agora convidado, na Parte III, a refletir sobre a análise textual da Parábola do Filho Pródigo sob três temas específicos: *Ser o Filho mais Novo, Ser o Filho mais Velho* e *Ser o Deus Pai-Mãe* misericordioso. Às análises arroladas serão confrontadas com a intertextualidade de várias matrizes de ordem bíblica e existencial.

PARTE III
ANÁLISE TEXTUAL DA "PARÁBOLA DO FILHO PRÓDIGO"

PRELÚDIO

Os primeiros versículos do capítulo 15 do Evangelho de Lucas fornecem o *contexto* que fizeram Jesus contar a parábola:

"TODOS OS PUBLICANOS E PECADORES ESTAVAM SE APROXIMANDO PARA OUVI-LO. OS FARISEUS E OS ESCRIBAS, PORÉM, MURMURAVAM: ESSE HOMEM RECEBE OS PECADORES E COME COM ELES!" (1-2).

Na perspectiva do contexto, a parábola, enquanto texto inserido na história linear e cronológica, faz com que Jesus se utilize desse gênero textual para dar "uma resposta" aos fariseus e escribas, já que estes estavam colocando em prova sua idoneidade por sentar-se com pecadores e publicanos para comer. Como mestre que ensina, Jesus responde às murmurações dos seus interlocutores. Estes podem ser identificados como **publicanos, fariseus e escribas** (chamados doutores da lei).

Os **publicanos** estavam a serviço do Império Romano e eram cobradores de impostos que, a serviço desse Império, embolsavam ilegalmente a arrecadação dos impostos e eram subornados pelos ricos e rigorosos com os pobres, o que fazia aumentar a pobreza e a desigualdade social. Ambiciosos, os publicanos eram odiados pelo povo. Vale lembrar que Zaqueu (Lc 19, 1-10) e Mateus (Mt 9, 9-13) foram publicanos que passaram a seguir Jesus, o primeiro mudando de vida e o segundo, além de abandonar a coletoria de impostos tornou-se apóstolo.

Os **fariseus e os escribas** constituíam grupos sectários do judaísmo bíblico assemelhados aos saduceus, zelotas e essênios, que passaram, após o exílio da Babilônia, a instituir novas leis e a reinterpretar a Lei mosaica (Ex 20). A origem mais próxima do nome "fariseu" está no latim *pharisaeus*, que por sua vez deriva do grego antigo φαρισαῖος, assentado no hebraico פּרושים *prushim*. Essa palavra vem da raiz *parash*, que basicamente quer dizer "separar", "afastar". Essas leis eram sectárias e desumanas e se desdobravam infinitamente em prescrições normativas quase impossíveis de serem cumpridas. Vale lembrar que as palavras mais duras que saíram da boca de Jesus foram direcionadas para os escribas e fariseus (Mt 23, 1-30). *"Serpentes! Raça de víboras!"* Entretanto, vale evidenciar que Nicodemos foi um fariseu que se converteu a Jesus (Jo 3, 1-2), assim como Paulo, o Apóstolo (At 9, 3-19).

Os **pecadores** eram aqueles que não observavam a Lei, fosse por uma conduta errada, fosse pelo que faziam e os tornava impuros. E, por isso, eram excluídos do templo e da Sinagoga e deviam andar a distância[33]. A Tradição ensinava que os pecadores seriam eliminados fisicamente com a vinda do Messias. Na afirmação do profeta Isaías 13, 9: *"Eis o dia de Javé, que vem implacável, e com ele o furor ardente da ira, reduzindo a terra a desolação e extirpando dela os pecadores"*.

O verbo **murmurar** descreve a desaprovação escandalizada diante de um comportamento contrário à Tradição. As duas primeiras parábolas, da ovelha e da moeda perdidas, anseiam responder à murmuração dos fariseus, e a última eleva a argumentação a uma condição de crítica mais acentuada.

"Receber e comer" com os pecadores é uma acusação que, na cultura hebraica, indicava comunhão de vida, comer no mesmo prato. De tal forma que a impureza de um se transmitia ao outro. No Oriente, ainda nos dias de hoje, um nobre pode alimentar e ser caridoso com as pessoas pobres e necessitadas, mas jamais deve comer com elas, sentando-se à mesma mesa. O contexto refere-se à comunidade lucana, em que sacudiam no seio da comunidade os conflitos produzidos em Antioquia referentes às fronteiras entre grupos pertencentes ao cristianismo judaico e ao greco-romano. Toda a tensão está voltada para o mundo dos gentios, que não

---

[33] GUNDRY, R. *Panorama do Novo Testamento*. São Paulo: Imprensa da Fé, 1991. p. 72.

cumpriam as exigências das leis da pureza judaica. *Gentios* era a designação para os não cristãos, os pagãos. A palavra "gentio" deriva etimologicamente de "gens", que significa clã ou grupo familiar. Na tradução cristã da Bíblia, a palavra "gentio" designa um não hebreu. Há aqui uma proposta de inversão da posição dos judeus convertidos em relação aos gentios, já que o cumprimento cego das exigências da Lei pelos judeus não lograria agradar a Deus.

É notório que os fariseus e os escribas queriam desacreditar Jesus, como se dissessem que *"Ele não podia ser de Deus"* porque comia com os pecadores e, portanto, era impuro, isto é, não podia ter relação com Deus. Acusavam Jesus de não ser *"um mestre espiritual sério"* porque Ele convivia com os pecadores, contra toda a tradição bíblica e religiosa. Jesus, entretanto, não ameaçava os pecadores e nem os eliminava, mas convidava-os à penitência, fazia com eles uma festa que, em todas as culturas, se celebra com uma refeição. Por isso, as parábolas do capítulo 15 falam do amor de Deus pelos pecadores: a Ovelha Perdida, a Moeda Perdida e o Pai Misericordioso. Todas as três parábolas têm a intenção de explicar como Deus se comporta com aquele que se perde, incluindo quem se perde por culpa própria.

Nas três parábolas, é o perdido que se é buscado. Buscar, encontrar e proteger é elemento decisivo: Deus alegra-se com esse encontrar e acolher dos perdidos, mais do que com os muitos justos. A vez é dos perdidos, dos desprezados, dos rejeitados, dos expulsos e mal afamados. E não são os reconhecidos, apreciados e louvados pela coletividade que têm a grande oportunidade, ou seja, aqueles que se negam a ser filhos, dracmas e ovelhas perdidas.

O que acontece nessas passagens em relação à imagem de Deus? Deus Pai apressa-se em ir ao encontro do filho desmoralizado; a mulher curva-se sobre a moeda que rolou pelo chão; o pastor volta para buscar e salvar a ovelha que se desviou. Deus converte-se! Ocorreu aí algo no próprio Deus, ou seja, na consciência e na imagem de Deus, algo que muda totalmente, algo de revolucionário. Deus aí não ama os justos, os presunçosos; Ele existe, ao contrário, para o que é pisado e desprezado. Deus torna-se o Deus dos sem-Deus: é o que se costuma dizer hoje, de modo enfático, mas acertado[34].

Jesus convida a escutar a parábola e a não se escandalizar pela bondade do Pai, por um amor que não se identifica nos parâmetros da justiça humana, mas que a supera. Jesus convida a ver Deus de uma nova maneira, sintetizado na palavra *"Pai"*, *Abba* (do aramaico: Paizinho), em conformidade com o evangelho de Marcos (14, 36).

Este modo de ver Deus era escandaloso para os fariseus, saduceus e escribas, e é também a novidade do cristianismo; a primeira consequência disso é ver os outros, todos, como irmãos. Jesus mostra, portanto, que o conceito de pecado não é a transgressão de uma Lei, mas o comportamento de quem discrimina os outros.

O contexto que favorece a narrativa da parábola refere-se, principalmente, a polêmica de Jesus com os fariseus de que o "mérito" (a recompensa por um bom trabalho) renascia na comunidade cristã em detrimento da situação vista como graça de Deus: dom gratuito e não alcançado por obras humanas, e este é o sentido da frase *"Guardai-vos do fermento dos fariseus"* (Mt 16, 6-16)[35].

A **textualidade** da Parábola do Filho Pródigo se desenha em meio a **contrastes**: na primeira parte, o filho mais novo vai embora e fica longe da casa do pai; na segunda parte, o filho mais velho, que não foi embora, se recusa a entrar na casa do pai. Ao centro está a figura do Pai que atravessa toda a narrativa. A organização textual da parábola coloca o Pai como protagonista presente em todas as cenas da parábola. Seja na situação do Filho mais novo ou na situação do Filho mais velho, o que se encontra é a novidade da sua paternidade. A narrativa apresenta um enredo

---

[34] WOLFF, H. *Jesus na perspectiva da psicologia profunda*. São Paulo: Paulinas, 1994. p. 196.

[35] FITZMYER, J. *El Evangelio según Lucas*. Madrid: Cristiandad, 1987. v. 3. p. 15.

de ação em que se alternam dois conflitos, o primeiro com o filho mais novo e o segundo com o filho mais velho.

A parábola apresenta contrastes e conflitos para ajudar a refletir, no entanto é a figura do Pai que dá unidade à narração, e, por isso, talvez o título mais apropriado da parábola devesse ser *"O pai misericordioso"*, e não o tradicional *"Filho pródigo"*.

As ponderações que trouxemos, ainda que genéricas, visam possibilitar um entendimento maior sobre o contexto em que se situa a parábola contada por Jesus[36]. Nas páginas que se seguem, dentro de um viés analítico, estarei levantando questões de ordem variada que contemplam diálogos intertextuais teológicos, psicológicos, filosóficos e existenciais.

---

[36] É importante salientar ao leitor que o Evangelista Lucas unifica as três parábolas referindo-se a elas como se fossem somente uma, deixando isso bem explícito no versículo 2: "Contou-lhes, então, esta parábola:" (Lc 15, 2). Não obstante, mesmo ciente de que a parábola do filho pródigo faz parte de uma parábola maior, optei em minha análise debruçar-me apenas sobre os versículos de 11-32.

*Aventurar-se causa ansiedade,
mas não aventurar-se é perder-se.
E aventurar-se, no mais alto sentido,
é precisamente estar consciente de si mesmo.*
(Kierkegaard)

SER O FILHO MAIS NOVO

"UM HOMEM TINHA DOIS FILHOS. O MAIS JOVEM DISSE AO PAI: PAI, DÁ-ME A PARTE DA HERANÇA QUE ME CABE. E PAI DIVIDIU OS BENS ENTRE ELES" (11-12).

A maneira de o filho partir é equivalente a desejar a morte do pai, mas a sua ambição não permite esperar que isso aconteça e o seu pedido expõe que, para ele, o pai já está morto. No ambiente social do Oriente Médio, se um filho, ainda que fosse hoje, fizesse tal solicitação, certamente o pai iria se enfurecer e iria castigá-lo duramente, pois não existe lei ou costume entre os judeus ou árabes que dê ao filho o direito a uma parte da riqueza do pai, enquanto este ainda está vivo.[37] Dentro de uma perspectiva humana, com o seu pedido, o filho deve ter causado muito sofrimento ao pai, já que todo pai carrega expectativas positivas para a vida de seus filhos: que sejam eles realizados e pessoas de bem e que sejam respeitados pelos outros. Entretanto, o filho parece ter se tornado rebelde e deseja sair de casa.

Com o pedido *da parte da herança* ele também demonstra rejeição à pessoa do pai. A herança era a terra da família que fora passada de geração em geração dentro daquela sociedade agrária. O seu pedido pode ser interpretado como um desejo de não pertencimento à família, manifestando algo assim como: "não quero mais viver nessa família e nem viver ou formar minha família aqui. Não quero ter nada em comum com esta família". Essa situação trouxe também humilhação ao pai, já que num lugar pequeno como aquele, o desfazer-se da propriedade para

---

[37] LEVISSON, N. *The parable*: the background and local setting. Edinburgh: T&T.Clark, 1926. p. 126.

dar aos filhos *"a parte da herança que lhes cabia"* constituía motivo de comoção e críticas à sua atitude de despojamento de algo que tinha tradição e história, demonstrando falta de respeito para com os antepassados. O pai também deve ter se sentido culpado. Afinal, pais e mães quase sempre se culpam pelo fracasso e erros de seus filhos.

Todavia, o pai encarna a pessoa que ama e respeita a liberdade da pessoa amada, entretanto, ainda que esse filho se utilize dessa liberdade para retirar o amor de quem é objeto, essa liberdade não seria possível sem a permissão do pai, que, fazendo a vontade do filho, acatou o seu pedido. Por isso, o silêncio do pai revela pleno respeito à liberdade do filho. Se o pai dissesse *"não dou"*, o filho seria obrigado a permanecer em casa e não ir embora. O filho desrespeita e humilha o pai, como se a sua casa não fosse um *"lugar agradável"* de se viver. Porém, o pai divide os bens entre os dois filhos: um vai embora e o outro permanece. Percebe-se na narrativa um **silêncio** aqui do filho maior, que não impede o irmão de partir, e talvez até tenha ficado feliz de permanecer como principal herdeiro.

> **"POUCOS DIAS DEPOIS, AJUNTANDO TODOS OS SEUS HAVERES, O FILHO MAIS JOVEM PARTIU PARA UMA REGIÃO LONGÍNQUA E ALI DISSIPOU SUA HERANÇA NUMA VIDA DEVASSA" (13).**

A expressão *"região longínqua"* é uma fórmula bíblica que indica uma terra pagã, em particular uma terra de exílio. O gesto de deixar o filho sair e não obrigá-lo a ficar, no anseio de preservá-lo de todo sofrimento, revela o dom mais sublime da paternidade: deixá-lo partir para ir atrás dos seus sonhos e ilusões.

Na perspectiva intertextual, isso aconteceu por várias vezes nas histórias bíblicas, tais como na história de Jacó: *"Tu, porém, não temas, meu servo Jacó; não te aterrorizes, Israel! Por que eis-me aqui para livrar-te do longínquo, e teus descendentes, da terra de seu cativeiro. Jacó voltará e habitará em paz, tranquilo, sem que ninguém o inquiete"* (Jr 46, 27).

O filho mais novo se distancia não somente do pai, mas também do Deus de Israel. Ele se assemelha aos publicanos e pecadores que se aproximavam de Jesus e de quem os fariseus murmuravam. De modo paradoxal, embora estivesse buscando a liberdade, ele se verá incapaz de realizar o que busca e chegará à constatação de que perdera a liberdade buscando por ela. A partida para a *"região longínqua"* e seu comportamento imoral marcam o início da parte trágica da história e a descida para uma condição de infelicidade.

O mundo *"longínquo"* é um mundo que não respeita o que é sagrado. A expressão *"todos os seus haveres"* indica que ele transformou a sua herança em dinheiro vivo. E, então, *"dissipou sua herança"* vivendo numa vida devassa, fazendo alusão à maneira rápida com que ele gastou a herança recebida.

A saída da casa paterna, portanto, vai trazer para a narrativa as consequências desse afastamento e as perdas que ele vai experimentar em contraste com a vida boa e cheia de cuidados que possuía na casa do pai.

A casa simbolicamente representa o centro da vida, de onde se parte e para onde se volta. É o trafegar entre o que é conhecido e confiável e o desconhecido. É onde se habita, onde se mora, o espaço de defesa protegido. O ser humano habita a sua casa como um espaço vivencial, íntimo, sagrado. É um espaço diferenciado dos outros locais do mundo. Ensina o filósofo Bachelard que *"antes de ser atirado no mundo o homem é colocado no berço da casa. A casa é o nosso primeiro abrigo onde o ser reina em uma espécie de paraíso terrestre da matéria"*. A casa simboliza o útero, o ventre, como lugar de aconchego, proteção e carinho[38].

---

[38] BACHELARD, G. *A poética do espaço*. São Paulo: Abril Cultural, 1978.

É assim que surge o *"Templo"* como "Casa de Deus" e como *"lugar separado"*. Na sua origem, o termo "templo" passa a ter o sentido de lugar recortado, não como edifício, mas como parte do céu recortada, já que o vocábulo não designava o edifício, mas a parte recortada pelo voo das aves, destinada à interpretação dos áugures. [39]Esse espaço de vida é também o espaço da convivência; espaço da amorosidade e espaço privilegiado do encontro.

O ser humano, todavia, é movido pela necessidade de libertar-se, de sair, de transitar, viajar. Por isso, a viagem torna-se símbolo da liberdade. Como ser que tem necessidade de *"evasão"*. O filho mais novo, em sua necessidade existencial, deseja *"sair de casa"* para conhecer o mundo. Ele precisa *"dar um tempo"* para si longe da casa do pai. Podemos perceber nesta sua atitude de temporalidade a submissão que o afasta da familiaridade e de sua zona de conforto. Entra, ao sair pela porta da Casa Paterna no esquema organizador do tempo cronológico (*Chronos*), algo exterior, cronométrico, objetivo, no qual acontece a vida. Dá-se aqui o presente, como tempo pontual que o separa do passado. Entretanto, longe da casa onde fora criado, da vida previsível e do espaço e objetos que compunham a sua história. E, diante da fome, da miséria e das perdas, ele decide retornar. Somente depois de ter passado por tanto sofrimento ele poderá compreender que precisava dessa experiência cronológica para fazer a experiência *kairológica* (*Kairós*: do grego, "o momento oportuno", "supremo") em que o tempo nunca é um processo definido nem acabado e a vida é tecida dentro de um ritmo que se manifesta sem constituir-se em processo contínuo. O *kairós* é a relação da eternidade (*Aion*) com o tempo do relógio (*Chronos*) que pode ser concebido como movimento recriador da História pela ação de Deus que está em contínuo processo de recriar as suas criaturas: *"Como o vaso que o oleiro fazia de barro se lhe estragou na mão, tornou a fazer dele outro vaso, segundo bem lhe pareceu"* (Jr 18, 4). E, dentro dessa experiência temporal *kairológica* (*"tempo de Salvação"*), simultaneamente

---

[39] ALMEIDA, A. R. *Dicionário de latim-português*. Porto: Porto editora, 2008. p. 91.

fluem o presente, o passado e o futuro, em que transitam, diante da necessidade, o que possuía e o que perdera. Então, ele decide retornar à casa paterna. Deste modo, todos os seus movimentos se entrelaçam dentro da sua interioridade. As conexões se dão de dentro para fora e ele enxerga que a sua interioridade tem mundo, e não só está no mundo. Finalmente, podemos dizer que é tomando "*consciência*" do que deixara e perdera que ele pode encontrar o verdadeiro sentido da sua vida.

— O texto ressoa em mim: A casa é o centro do meu ser, onde posso ouvir a voz que diz: "*você é o meu filho amado, sobre você ponho todo o meu coração*". Há muitas vozes do mundo que "tentam" para que saiamos da casa do Pai. Disseram que eu seria bem-sucedido, popular e poderoso se fizesse tudo certinho como um ser padronizado e modelado pelas expectativas daqueles que não toleram diferenças: as mesmas ideias, trejeitos ensaiados e ritualizados (sic). E também, sugeriram que eu não seria amado, se não conseguisse por meio do trabalho árduo e muito esforço ter uma vida consolidada com sucesso profissional. Devia fazer tudo para obter aprovações. Negavam que o amor fosse inteiramente gratuito. E todas as falas do mundo eram avaliativas, mensuráveis e condicionais. Corria o risco de ter tudo, e de não ser feliz...

Abandono a casa do pai toda vez que deixo de crer na voz que me chama "amado" e sigo outras vozes que oferecem múltiplos caminhos para que eu encontre o amor que tanto procuro. Essas "*muitas vozes*" podem ser de colegas, amigos: "*Procure sempre ser o melhor*". O amor do mundo é sempre condicional: "*Se*" você é bonito, inteligente e rico, se tem boa educação, bom emprego, bom relacionamento, se realiza muito, vende muito, compra muito — você é amado. E, nos tempos de um mundo virtual, preciso ter "*muitas visualizações*" e "*mostrar*" que sou feliz passeando, confraternizando e com uma bela casa e um carro da última marca.

Eu penso que o "*Não*" do Filho Pródigo, ademais, reflete a **revolta original de Adão** que desde o início estabeleceu que o afastamento da Casa de Deus, em cujo amor o ser humano foi criado, e do qual depende o seu sustento, o coloca também "fora do jardim". *"E Deus o expulsou do jardim do Éden para cultivar o solo de onde fora tirado"* (Gn 3, 23).

"E GASTOU TUDO. SOBREVEIO ÀQUELA REGIÃO UMA GRANDE FOME E ELE COMEÇOU A PASSAR PRIVAÇÕES" (14).

O texto revela que foi por amor que o pai deixou o filho procurar o seu caminho, mesmo experimentando o risco de perdê-lo. O filho demonstrou incapacidade de administrar os bens recebidos e logo foi percebendo, no ambiente em que vivia, que o que dá valor a pessoa é a quantidade de dinheiro que ela possui. E logo pôde perceber que, perdendo o dinheiro que gastou, perdera também a sua identidade. E veio a fome e o não ter o que comer. Nos relatos de quem já passou fome percebemos que esta situação pode ter um impacto emocional profundo e deixar marcas para a vida inteira. A perspectiva de passar fome ou de não ter acesso à comida pode desencadear traumas profundos e processos emocionais que alteram a personalidade. A fome remete também *à psiquê* a falta do cuidado maternal e representa morte e desesperança. Mas, na parábola, o filho mais novo agora assiste o seu plano de liberdade e independência desaparecer, na mesma proporção em que ele se vê frente a frente com a privação de coisas básicas, tais como o conforto de uma casa e a falta de comida.

"FOI ENTÃO, EMPREGAR-SE COM UM DOS HOMENS DAQUELA REGIÃO, QUE O MANDOU PARA SEUS CAMPOS CUIDAR DOS PORCOS" (15).

Na casa de seu pai, ele era *"um patrão"* e tinha servos. Deixou, entretanto, essa casa e agora tornou-se *"um servo"*. Deixou o pai e terminou por encontrar e ter um "patrão". Aquele patrão era um homem pagão, visto que criar porcos era algo condenado pelo judaísmo. Esse tipo de trabalho e proximidade com os pagãos evidenciava que a situação do filho perdido se assemelhava frontalmente à dos publicanos e pecadores, que também viviam à margem da Lei e da religião judaicas por suas atitudes e profissão. Numa terra pagã, longe da casa do pai, ele, como judeu, estava fazendo algo considerado "impuro". Prescrição contemplada pela Torá[40]: *"Tereis como impuro o porco porque, apesar de ter o casco fendido, partido em duas unhas,* não rumina. Não comereis da carne *deles nem tocareis em seu cadáver, e vós os tereis como impuros"* (Lv 11, 7-8).

E, sem dinheiro, ele não existia como pessoa e não podia ser considerado nem mesmo como um ser humano, como um igual, confirmando a palavra que pode ser lida no livro dos Provérbios: *"A riqueza multiplica os amigos, mas o pobre é abandonado e até o amigo o deixa"* (Pr 19, 4).[41] O jovem é vítima do deus *Mamon*, nele confiou e destruiu não só seu dinheiro, mas sua identidade. Consequentemente, sem dinheiro, passou a fazer um trabalho mais degradante socialmente e religiosamente condenado, perdendo-se a si mesmo.

"ELE QUERIA MATAR A FOME COM AS BOLOTAS QUE OS PORCOS COMIAM, MAS NINGUÉM LHAS DAVA" (16).

Fora de casa, longe do pai, não existia amor nem cuidado e ninguém lhe dava o essencial para a vida. Ele passou, então, por um processo de desumanização e ficou sem condições econômicas para sobreviver, e por isso transformou o seu fracasso num apelo de vida, querendo comer o alimento dos porcos, as bolotas (alfar-

---

[40] *Torah* (hebraico): "ensinamento, instrução ou lei". LÉON-DUFOUR, X. *Vocabulário de Teologia Bíblica*. Petrópolis: Vozes, 2013. p. 513.

[41] A Riqueza traduz o termo "Mammona", que tem a mesma raiz de "Amém" e significa "isto que é certo", "isto que é seguro". Para Jesus, todavia, "Mamon" é um ídolo que devora e destrói todos os que lhe rendem culto, tal como pode se ler no Evangelho de Lucas: *"Ninguém pode servir a dois senhores: com efeito, ou odiará um e amará o outro, ou se apegará a um e desprezará o outro. Não podes servir a Deus e ao dinheiro"* (Lc 16, 13). XAVIER, L. F. Servir a Deus ou a Mamon: Uma análise exegética de Lucas 16:9-13. *Perspect. Teol.*, Belo Horizonte, v. 52, n. 3, p. 791-810, Set./Dez. 2020. Disponível em: https://doi.org/10.20911/21768757v52n3p791/2020. Acesso em: 9 dez. 2024.

robas)[42]. A condição de jovem é a mesma de um animal imundo: é como um porco que está faminto. E "*ninguém lhe dava nada*". A falta de ajuda, conforme a Bíblia, era entendida como uma maldição divina. A sua condição de rebaixamento é como que resumida pelo *arquétipo do porco* que simboliza a impureza, a estupidez, a sensualidade e a ganância. Uma imagem especialmente ofensiva e degradante para os judeus. Ele ao "invejar" os porcos atingiu o ponto final de sua experiência de "morte".

"E, CAINDO EM SI, DISSE: QUANTOS EMPREGADOS DE MEU PAI TÊM PÃO COM FARTURA, E EU AQUI MORRENDO DE FOME!" (17).

A narração guia o auditório para a interioridade do filho perdido com a expressão "*caindo em si*", tomou consciência, "*enxergou*", lembrou-se da sua vida ao lado do pai, um lugar seguro onde tinha muitas regalias e desfrutava do amor paterno. O "*cair em si*" é uma expressão que remonta ao judaísmo helenístico e representa uma possibilidade de conversão e mudança, de refazer o caminho para voltar. "*Cair em si*" o faz redimensionar a sua escolha e avaliar o que tinha e o que agora não tem, constituindo-se como oportunidade de autoconhecimento, dor e luto.

Em tempos de mudanças que afetam a estrutura da nossa vida e que tocam em nossa identidade, tais como as de competência física ou aparência da imagem corporal; perdas de afetos e ausência de relações significativas; a aposentadoria; a saída dos filhos de casa; a viuvez ou a doença e morte de pessoas queridas; a falta de emprego e as decepções nas relações com os outros, podemos entrar num processo de luto que nos obriga a "*cair em si*". O luto é sempre uma resposta a uma perda significativa. Seja

---

[42] As alfarrobas eram frutos da alfarrobeira = *alfarrova*. Árvore que tem folhas escuras e brilhantes e produz vagens grandes, sendo esses frutos pisados para alimento de gado e porcos. Esse alimento era oferecido para o gado e porcos e utilizado pelos pobres por ter um grande valor nutritivo.

esta perda simbólica ou real. E essa resposta pode trazer alterações que repercutem em várias dimensões da nossa personalidade, em nível emocional, físico, social, mental e espiritual. A elaboração do luto pode ser comparada com uma "travessia" que obrigatoriamente temos que fazer, tal como uma viagem em que se atravessa o *"vale de lágrimas"* e as fases de sofrimento: choque, confusão, ambivalência, culpa, raiva e aceitação obrigatória de *"um novo modo de vida"* sem a pessoa querida que se foi ou sem algo que era muito importante para nós.

Luto é uma palavra que vem do latim, *luctus*, e significa morte, perda, dor e mágoa. Para Bowlby [43], luto é um processo psicológico que se inicia com a perda de um objeto querido. Ele se manifesta como um sofrimento que se segue à perda e acompanha o enlutado por um período. Já, Parkes[44], define o luto como uma resposta que se processa através de várias mudanças características, mas ao mesmo tempo únicas na vida de um indivíduo, quando ele experimenta uma perda. Para este autor, o luto é fundamentalmente um processo que acontece mediante três fases: a saudade, ou a procura pelo outro; a desorganização e o desespero e a reorganização. Estas fases ocorrem de maneira diferenciada que variam de modo peculiar a cada pessoa e situação.

O processo do luto pode adquirir várias trajetórias e assumir contornos patológicos se não for vivenciado de forma natural pelo indivíduo. Vivenciá-lo de modo natural contribui para a redução do estresse e também favorece a aceitação e a elaboração da perda. André Comte-Sponville[45] tem razão ao escrever que o luto marca o fracasso do narcisismo, "sua majestade", o 'eu', perde o trono. O *eu* está nu e, por isso, entra na verdadeira vida. Como saber-se vivo sem se saber imortal? O luto é um aprendizado: o homem é um

---

[43] BOWLBY, J. *Formação e rompimento de laços afetivos.* São Paulo: Martins Fontes, 1993. p. 113.

[44] PARKES, C. M. *Luto* - Estudos sobre a perda na vida adulta. São Paulo: Summus, 1998. p. 21.

[45] COMTE-SPONVILLE, A. *Impromptus* - Entre la Pasión y reflexión. Barcelona: Paidós, 2016.

aluno; a dor e a morte, suas professoras. Não sabemos renunciar a nada, dizia Freud. É por isso que o luto é sofrimento e trabalho.[46]

É uma viagem de reestruturação que deve trazer forças para uma nova etapa da vida. Entretanto, não devemos perder o sentido da nossa vida no percurso desta viagem, quando o "se" e o "por que" se levantam ininterruptamente: *"Ah, se tivesse feito isso ou aquilo...", "Por que o deixei sair de casa?", "Por que não a levei correndo ao hospital?"*. É no momento de luto, em que a tristeza transborda e o desencanto se faz presente. A dor obrigatoriamente coloca-nos frente a frente com a nossa humanidade e vulnerabilidade. Costumo dizer aos meus pacientes que existem apenas duas alternativas diante da dor da perda de uma pessoa querida: amargurar-se e fechar-se, ou abrir-se para a vida e permitir a transformação.

Os períodos de transição ou mudanças são períodos de balanço, em que somos convidados a refletir e a fazer avaliações. Nesses momentos experimentamos incertezas, indefinições e inseguranças. No entanto, períodos e momentos como esses podem também mobilizar forças novas, sejam de adequação ou de gestão das emoções. A *"volta para a casa do pai"* pode se dar na reinvenção de um novo trajeto de vida em que o sujeito se situa em si, dentro dos seus recursos internos. Todo o desenvolvimento humano, em qualquer das suas fases, é um processo de elaboração de mudanças internas ou externas que permitem *"um re-situar"* em si.

Inúmeras[47] vezes me recordo de quando eu *"caí em mim"* no confronto com a minha busca de sentido para a vida. Ainda padre novo, perdi simultaneamente minha mãe e meu pai num curto espaço de tempo, e também algumas pessoas que me eram extremamente próximas e importantes para a minha rede de apoio. Em nenhum momento pude afastar-me das funções sacerdotais na Igreja, já que, estando à frente de uma paróquia e de uma escola, continuar era uma questão de honra e sobrevivência. Entretanto,

---

[46] VERGELY, B. *O sofrimento*. Bauru: Edusc, 2000. p. 77.

[47] Este depoimento faz parte do capítulo "Quando se nega a dor por causa da fé: morte e luto na vida de um sacerdote católico" que publiquei no livro organizado por CASELLATO, G. *Luto por perdas não legitimadas na atualidade*. São Paulo: Summus, 2020. p. 144-166.

quando recordo-me da intensidade daqueles três meses, do diagnóstico do câncer de minha mãe com seus exames e internações e toda a demanda de sua morte, seguida da morte de meu pai, percebo que fui obrigado a relativizar a minha dor, ocultando-me dentro das verdades da fé, talvez por temer parecer fraco ou descrente ao povo, relegando, assim, a minha humanidade a um segundo plano.

Sendo minha mãe muito religiosa, ela também tinha uma certa idealização do filho padre e recordo dela me dizendo: "Reze meu filho para que Deus me cure, porque a sua oração Ele escuta". A mulher forte, roceira e grandona que me carregara em seus braços e que um dia desatara a fita de minhas mãos ungidas, agora estava sendo carregada por mim porque não mais se sustentava nas pernas. E, quanto mais rezava, mais o sofrimento dela aumentava. E naquele período, à frente de uma paróquia, obrigatoriamente deveria falar das coisas da fé e animar o povo a crer, mas existencialmente eu vivia a condição do desamparo e da solidão, numa dor incompreendida e solitária, ainda que o povo se fizesse tão próximo e amigo, e que meu bispo e alguns colegas estivem sendo muito solidários. De fato, hoje compreendo que, diante da demanda dos trabalhos e também da própria estrutura eclesial, não houve possibilidade de expressar minha dor e meu luto e, por isso, não tive tempo nem oportunidade para chorar e elaborar essas perdas. Afinal, até aquele momento, tudo sempre tinha dado certo em minha vida e eu reunia uma porção de conquistas que sustentavam a felicidade do meu ego. Não havia experimentado a dor para além do seu lado teórico. Então, em seguida, após todo o sofrimento de minha mãe cancerosa e de seu sepultamento, exatamente em uma quinzena, meu pai enfraquecido e inconsolável também morreu de um mal súbito. Experimentei, obrigatoriamente, a condição de orfandade num momento em que tantas coisas ainda precisavam ser ditas e tantos sonhos ainda precisavam se realizar. Havia em mim um desejo, agora cortado, de proporcionar aos meus pais um pouco de alegria e de ficar mais perto deles, já que havia saído tão cedo de casa para os estudos.

Após os funerais, destroçado, lembro das vezes em que paramentado para as missas, de frente para o povo, eu tinha a impressão de que estava fora da realidade como que "a chorar sorrindo" ou falando de coisas que não tinham sentido e nas quais eu não conseguia acreditar, tais como: "Deus é bom e sempre nos atende", "Jesus cura as enfermidades" ou "Ele nos protege contra o mal".

Mesmo acolhendo manifestações de apreço e de carinho das pessoas, em especial dos paroquianos, vivenciei a situação de que, como "um representante de Cristo", as pessoas talvez achassem que a minha dor era diferente. E, por isso, ouvia algo assim: "Que situação difícil o senhor está passando, perder a mãe e o pai seguidamente. Mas, o senhor é padre e tem outra compreensão das coisas e sabe aceitar a vontade de Deus". Havia como que uma projeção de invulnerabilidade que, na verdade, não existia na minha pessoa.

Compreendo que, talvez, de maneira inconsciente a sociedade atribua um papel de onipotência ao sacerdote, como se as questões que se ligam às fraquezas humanas, tal como a doença e a morte, estivessem controladas. Esta mitificação do sacerdote é vivida como um dom divino, em que dele se espera serenidade e calma em todas as circunstâncias da vida, e nunca a manifestação da angústia e do sofrimento. Talvez, o homem do altar que fala sobre as verdades transcendentais tenha de pagar o preço de que a ele não é permitido sofrer como os outros seres humanos e que o seu modo de sofrer deva ser diferente, tal como na sentença que se diz equivocadamente ao menino: "homem não chora". Isso lembra o mito de *Prometeu*, que estabelece a ideia do desenvolvimento de um papel social imortal e poderoso e, por isso, inalcançável pelas dores humanas.

Porém, o desfecho de minha história, foi a constatação de que por não ter chorado e nem manifestado a minha dor pelos olhos e pelas palavras, e também por não ter encontrado tempo e permissão para sofrer, em um curto espaço de tempo após os acontecimentos, não conseguia dormir e meu intestino, ora preso, ora solto, estava me impedindo de quase tudo. Emagreci muito e entrei num desprazer imenso por tudo. E, depois de muitos exames e consultas médicas, recebi os diagnósticos de síndrome do intestino irritável e depressão. Então, tive forçosamente de interromper minhas atividades para voltar à normalidade da minha vida. Trouxe para o meu corpo físico, num processo de somatização, a dor que fora negada, comprometendo minha saúde e minha capacidade laboral, o que demandou muitos tratamentos médicos e também muitas horas de terapia no enfrentamento das questões do meu luto e na apropriação da minha dor, permitindo-me chorar e sofrer.

De lá pra cá, já se passou um bom tempo, e foi pelos caminhos da psicologia e pelos estudos do luto que passei a compreender a minha dor e também o lugar de Deus na minha vida, reconciliando-me com Ele. Mais ainda, posso constatar hoje que o chamado à vida sacerdotal não me imuniza dos sofrimentos humanos e nem me oferece uma blindagem para o confronto com os sofrimentos e a morte. Eis a razão pela qual agora me sinto livre para falar a respeito de minha mãe, a quem amei com tanta ternura e cuja morte me causou tristeza tão profunda. De muitas maneiras diferentes ela me disse — e ainda me diz — que o mais universal é, também, o mais pessoal, e é certo que em mim se desfez a condição de "ser especial" para tornar-me mais humano. Tudo o que vivi me fez mais sacerdote, quebrando distâncias e estabelecendo empatia com os outros que também sofrem, de tal forma que, quando digo a um filho que perdeu a mãe ou o pai, ou a uma mãe que perdeu o filho "Eu compreendo o que você está sentindo e a proporção de seu sofrimento", posso dizê-lo hoje com mais propriedade e veracidade e com a autorização do já vivido.

Tal como o filho perdido "caiu em si" eu também "caí em mim" e nunca mais fui o mesmo, mas sempre procurei tirar lições que me proporcionassem um crescimento, buscando perceber o que é verdadeiro (e não fantasioso), do que é importante ou acessório para dar continuidade à vida. Creio que o sentido para a vida pode ser encontrado mesmo nas condições mais adversas, tal como aquela florzinha que insiste em brotar no meio das pedras. Na percepção do Vitor Frankl[48], o sentido para a vida surge como força primária para o viver naturalmente. Sem sentido a vida esvazia-se de conteúdo e de futuro. Suportar a falta de sentido é o maior dos tormentos.

Não importa que as cicatrizes permaneçam. Elas nos farão lembrar que as feridas do passado oferecem consistência e possibilitam olhar a vida de uma maneira nova e ressignificada. Aprecio, de modo especial, a história de duas instituições sociais importantes que existem aqui na cidade onde vivo, Três Corações--MG: a *Assoditri* e a *Vidação*. Ambas foram idealizadas e geradas em momentos de dor. *A Associação dos Diabéticos* foi fundada por Dona Maria Oneida, que depois da perda de seu filho por causa da diabetes, percebendo e enfrentando todas as dificuldades ligadas ao tratamento do filho, decidiu criar essa instituição vocacionada para ajudar as pessoas que precisam lidar com essa doença e com todos os tratamentos que a acompanham. Já, a *Associação do Voluntariado da Oncologia* foi fundada por Fátima dos Reis Santos Sales que, ao perder a sua irmã com câncer nos ossos, experimentou ao longo do processo de tratamento desta na cidade vizinha muitas dificuldades. Por isso, num gesto de solidariedade e empatia empenhou-se em criar aqui, com outras pessoas, uma casa de amparo, acolhimento e orientação. Ambas mulheres fortes, souberam transformar a dor em amor. Direcionaram o sofrimento próprio para o cuidado com os outros. Não se deixaram destruir pela dor da perda, mas se reconstruíram dando a ela um novo significado. Não ficaram se autocontemplando, mas levantaram o olhar para oferecer ajuda. *"Caíram em si"*, e na dor descobriram o chamado de Deus para tornar o mundo melhor.

---

[48] FRANKL, V. E. *Em busca de sentido*. 2. ed. São Leopoldo; Petrópolis: Sinodal: Vozes, 2002. p. 18.

Afinal, o que tiver que acontecer na nossa vida, vai acontecer de qualquer jeito. Muitas vezes, temos medo. Gostaríamos de ser imunes à dor e que nada nos fizesse sofrer. No entanto, o que tiver que acontecer virá ao nosso encontro no misterioso *"país das lágrimas"* (Exupéry). Pedimos que Deus nos livre de todo mal na oração do Pai Nosso, mas devemos também pedir um coração aberto e cheio de sabedoria para enfrentar o que vier com tolerância, paciência, generosidade e criatividade.

Retomando novamente ao texto da parábola, "o cair em si" do filho mais novo faz com que a narrativa tome outro rumo[49]. Ele agora está preparado para escutar o verdadeiro chamado e experimentar a transformação pessoal, a *metanoia*[50]. A frase aqui é εἰς ἑαυτὸν δὲ ἐλθὼν (*"ele caiu em si"*), que *"sinaliza uma medida de autoconhecimento — um momento de realismo"*. É o despertar do eu que marca o fim da parte trágica da história quando o herói dentro das tragicomédias abandona suas ações e escolhas. Ele deduz que todas as suas buscas resultaram no vazio e ele se percebe *"morrendo de fome"*[51]. Ora, o fato de que os servos da casa do seu pai podiam comer em abundância é sinal de que o pai tratava os próprios empregados com grande generosidade.

No primeiro século, havia três níveis de servos em uma propriedade judaica: Servos (*Doúlos*), ou escravos que faziam parte da propriedade como se fossem da família; Escravos (*Paides*), de classe inferior, que eram subordinados aos servos; Servos assalariados (*mistioi*). O filho mais novo manifestou o seu pedido de voltar à casa do pai como um servo assalariado, ou seja, voltar à condição de um trabalhador ocasional. Talvez, assim retornando, ele pudesse pagar ao pai o que tinha perdido. Ele estava com o seu pedido manifestando a sua dívida com o pai e desejava também quitá-la, ao que tudo indica[52].

---

[49] BOVON, F. *El Evangelio según Lucas*. Salamanca: Sígueme, 2005. v. 3.

[50] Em língua grega μετάνοια é "a mudança de pensamento e de caráter"; "a transformação espiritual".

[51] CAMPBELL, J. *O herói de mil faces*. São Paulo: Palas Athena Editora, 2023. p. 30.

[52] OESTERLEY, W. O. E. *Rabbinic literature gospel teaching*. London: Macmilian, 1930. p. 186.

"VOU-ME EMBORA, PROCURAR O MEU PAI E DIZER-LHE: PAI, PEQUEI CONTRA O CÉU E CONTRA TI" (18).

Na sua condição de humilhação, ocorre no *"caindo em si"* um solilóquio (uma conversa consigo próprio) que antecipa os acontecimentos que irão se desdobrar na exposição. No espaço temporal da narrativa, nesse solilóquio, imagino que ele teve a oportunidade de fazer obrigatoriamente uma autoavaliação da sua vida: de um antes e um depois. Como era viver na casa do pai e como é viver fora dela? Teve momentos bons e de prazeres e diversão enquanto tinha dinheiro. Mas, como foi perdendo tudo e, paulatinamente, decepcionando-se, vê-se agora sozinho e sem nada. É como se ele começasse a elaborar *"um plano"* para voltar e enfrentar o que o espera. E o "pecar contra o céu" é uma fórmula bíblica que carrega inúmeras intertextualizações do Antigo Testamento, tais como na fala do faraó: *"O faraó chamou a toda pressa Moisés e Aarão e disse-lhes: pequei contra Javé, Vosso Deus, e contra vós"* (Ex 10, 16). Ou do povo arrependido: *"Pecamos contra Javé, nosso Deus"* (Dt 1, 41). Pecar contra Deus era considerado um crime gravíssimo, enfatizado pelo livro do Êxodo: *"O Senhor disse a Moisés: riscarei do meu livro todo aquele que pecou contra mim"* (Ex 32, 33). A decisão de retornar para a casa do pai está expressa na locução verbal: "vou-me embora". O seu modo de pensar evoca a lembrança bíblica da mulher adúltera do profeta Oséias e que assim exclamou: *"Quero voltar ao meu primeiro marido, pois eu era outrora mais feliz do que agora"* (Os 2, 9).

"JÁ NÃO SOU DIGNO DE SER CHAMADO TEU FILHO. TRATA-ME COMO UM DOS TEUS EMPREGADOS" (19).

Ele agora já não se considerava digno de ser *"chamado de filho"* e tinha perdido o direito da parte de sua herança. Havia perdido — descido da condição de filho. Não podia vangloriar-se disso.

Assim, pensando no que falar, "*o pequei contra o céu e contra ti*" é a elaboração de uma confissão; o "*não mereço ser chamado teu filho*" é a consciência de que fora perdida a sua dignidade filial; e "*trata-me como um dos teus empregados*" é um pedido de emprego para que ele possa sobreviver[53]. Assim, ele revela com os seus pensamentos e reflexões não conhecer ainda seu pai. Achou que tinha perdido o seu amor e que devia de agora em diante — se ele deixasse — voltar e ter somente a condição de "*empregado*", assalariado. Nem passava pela sua cabeça o quanto o pai devia ter sofrido por ele ter ido embora e ter-se perdido longe de casa, já que um filho perdido é sempre a morte de um pai e uma mãe. Os seus raciocínios irrompem de maneira calculista e em termos econômicos: é movido pela fome, e não pela dor ou remorso do sofrimento que causou ao pai e à própria família, que anseia voltar. Ele é profundamente egoísta.

"PARTIU ENTÃO, E FOI AO ENCONTRO DE SEU PAI" (20).

O filho apenas calcula friamente e elabora seu plano com uma certa lucidez movida pela necessidade. Diante da fome, é melhor voltar para casa e não ter direito de ser tratado como filho. Ele pensa em termos jurídicos e de modo objetivo: Voltarei e pedirei a ele um lugar de emprego — assim ao menos poderei comer. Toda a narrativa, doravante, coloca em relevo a figura do pai, tal como se houvesse no enredo textual uma mudança de protagonização. Assim, a contextura do enredo da parábola coloca o pai no centro de tudo.

"ELE ESTAVA AINDA AO LONGE, QUANDO SEU PAI VIU-O, ENCHEU-SE DE COMPAIXÃO, CORREU..." (20 a).

O pai sempre esteve à espera do filho. Embora tivesse respeitado a sua liberdade deixando-o ir embora, não desistiu dele,

---

[53] HARNISCH, W. *Las parábolas de Jesús*: una introducción hermenéutica. Salamanca: Sígueme, 1989. p. 38.

tal como se pode afirmar pela fé que Deus pode ser abandonado, mas nunca abandona. Os verbos escolhidos por Lucas revelam dinamismo: *ver, encher-se e correr*. O verbo **ver** (do latim *vide*) é um verbo do sentido da visão e que pode ser dito de outras formas, tais como olhar, enxergar, perceber. No entanto, ver tem uma conotação mais profunda, já que consiste em focar a atenção e buscar uma visão mais aprofundada do objeto. Revela interioridade: *"Só se vê bem com o coração, o essencial é invisível aos olhos"* (Exupéry). A visão retira do cortejo visual uma cena insólita, um rosto familiar. *"Estamos imersos na profusão sem limite do ver. É o sentido mais solicitado em nossa relação com o mundo"*.[54]

Depois, *"o **encher-se** de compaixão"* notabiliza a grandeza do amor do pai por seu filho. A palavra "compaixão" tem origem no latim *Cum-Passio*, que faz referência ao sofrimento compartilhado com outrem. Em hebraico, a palavra para compaixão é *"rahamim"*, que significa *"agitação das entranhas maternas"*. O "encher-se de compaixão", ou ter compaixão, é uma expressão que no Antigo Testamento indica a atitude própria de Deus. Para falar dos homens, utiliza-se a palavra "misericórdia", ou ser misericordioso. Por isso, encontramos no *Livro do Êxodo* a descrição de Deus como *"Deus de compaixão e de piedade, lento para a cólera e cheio de amor e fidelidade"* (Ex 34, 6). O ter compaixão traduz a ação divina que restitui a vida em uma situação de morte. No Evangelho de Lucas este verbo aparece três vezes, sempre em episódios em que há uma restauração da vida, tais como na ressurreição do filho da viúva de Naim (Lc 7, 13): *"O Senhor, ao vê-la, teve compaixão, e disse-lhe: não chores!"* Na parábola do Samaritano (Lc 10, 33): *"Certo samaritano em viagem, porém, chegou junto dele, viu-o e moveu-se de compaixão"*. E, por último, aparece na parábola em tela na expressão *"encheu-se de compaixão"*.

O *verbo* **correr** denota pressa. Porém, dentro da parábola lucana, ocorre aqui uma contravenção, porque *"correr"*, no mundo

---

[54] LE BRETON, D. *Antropologia dos sentidos*. Tradução de Francisco Moras. Petrópolis: Vozes, 2016. p. 67.

oriental, é inconcebível e desonroso, tanto menos um homem casado ou um pai corre atrás de um filho. Corriam somente os empregados e os servos. O pai *"correndo"* ao seu encontro se faz *"servo"* também, de tal maneira que podemos dizer que o amor do pai é tão grande que pula todas as convenções sociais para restituir rapidamente a honra ao filho, aceitando até o risco de perder a sua. E o filho retorna à sua casa transbordando de emoção. Certamente estava voltando ao lugar em que havia nascido e crescido. Ali, o filho não encontra um juiz, nem um pai zangado e castigador, mas um pai com prontas condições para readmiti-lo. De modo similar, podemos afirmar pela nossa fé que também Deus não tem outra maneira de tratar a humanidade que não seja aquela de uma comunicação incessante e crescente do seu amor qualquer que seja a conduta humana.

"Ele estava ainda ao longe, quando seu pai viu-o". Deslinda em mim a cena e fico imaginando a saudade que o pai estava sentindo do filho, e, ao mesmo tempo, a sua preocupação, levantando interrogações pela noite adentro, tais como: *"Onde estará meu filho?", "O que estará fazendo?", "Será que ele está bem?", "Não estará passando necessidade?".*

O pai estava com saudade do filho. Saudade é um vocábulo que vem de solidão (do latim: *solitate*). Saudade é dor da alma. Como canta o lirismo poético caipira: *"A tua saudade corta como aço de naváia. O coração fica aflito bate uma, e a outra faia. E os zóio se enche d'água que até a vista se atrapáia"*[55]. Emoções saltitam de dentro do texto e avisto aquele pai como tantos outros pais e mães que também esperam a volta de um filho. O pai sondando incansavelmente a estrada pra ver o vulto do filho. Indo e voltando até a janela. Mirando longe com os olhos marejados e murmurando: *"Tô louco pra te ver chegar. Tô louco pra te ter nas mãos. Deitar no teu abraço. Retomar o pedaço que falta no meu*

---

[55] Verso da canção *Cuitelinho*, de Renato Teixeira e Sérgio Reis.

coração"[56]. Os dias passando e o filho nada de voltar. Amor que espera antecipando o encontro: *"Quando ele voltar. Quando eu o vir de novo. Quando ele estiver aqui. Quando eu puder abraçá-lo...".* Na linguagem poética de Saint-Exupéry: *"Se tu vens, por exemplo, às quatro da tarde, desde as três eu começarei a ser feliz. Quanto mais a hora for chegando, mais eu me sentirei feliz".*[57] Esperar já é viver o encontro, tal como a espera da mãe pela criança que vai nascer e que pula dentro do seu ventre. A espera de uma pessoa querida que vem de longe. A espera da cura de uma doença: tantos tratamentos, tantas idas e vindas ao médico e ao hospital. A espera de conseguir quitar uma casa, concluir um curso, conquistar algo que parecia impossível. A espera de libertar-se de um vício ou de algo que traz sofrimento. A espera de conseguir compreender e perdoar quem nos feriu profundamente... O amor se alimenta de esperas tal como *Penélope,* a esposa de Ulisses, descrita por Homero na *Odisseia:* ela foi tecendo *uma colcha de esperas* na fidelidade e na esperança do regresso do marido, Ulisses, que havia partido para a Guerra de Tróia. Como a guerra estava demorando, o seu pai, Icário, para protegê-la, temendo que Ulisses não voltasse, começou a insistir para que ela arrumasse outro esposo. Entretanto, ela havia prometido a Ulisses fidelidade e espera. Então, disse ao pai que faria para seu sogro Laerte uma colcha (sudário) e, quando esta estivesse pronta, se o marido ainda não tivesse retornado, ela se casaria com outro homem. Ela amava infinitamente o seu marido! Nas artimanhas do amor ela descobriu o seguinte estratagema: tecia a colcha ao longo do dia e destecia ao longo da noite. E assim ela conseguiu esperar Ulisses ao longo de 20 anos... Enfim, ele retornou e foi só alegria. A Igreja é a Esposa do Verbo (*Sponsa Verbi*), que espera o retorno de Jesus, seu esposo, no final dos tempos (*Parusia*). Enquanto Ele não chega vai também tecendo uma *"colcha de esperas"*, recordando sacramentalmente as suas palavras e ensinamentos com as cores litúrgicas do verde, branco,

---

[56] Verso da canção *Fico assim sem você*, de Claudinho & Buchecha.

[57] SAINT-EXUPÉRY, A. de. *O Pequeno Príncipe.* Rio de Janeiro: Agir, 2016.

roxo e vermelho. E com as boas ações e o empenho de amar e perdoar, esperamo-lo como um *"convidado"* especial que vem ao nosso encontro, à casa de nossa vida.

O Deus que espera é o mesmo Deus que ensina a esperar. A *afirmação: "O que mais se curte na vida é aquilo que mais custou"* é muito verdadeira e leva-nos a compreender melhor quando experimentamos a cura de uma doença, seja em nós ou numa pessoa que amamos; a casa que foi feita aos poucos com as economias e as prestações; o carro tão sonhado que veio como fruto de muito trabalho; aquelas situações em que vencemos depois de muito sofrimento, empenho e sacrifício.

Aprender a esperar é um atributo central na vida cristã, profundamente arraigado na experiência da fé e no próprio mistério de Deus. *"A fé é a posse antecipada do que se espera, um meio de demonstrar as realidades que não se vêem"* (Hb 11, 1). A espera nunca é um tempo passivo ou vazio, mas um espaço de crescimento, de esperança e de confiança. A espera é o momento onde se aprende a reconhecer o tempo de Deus, a deixar-se moldar pela sua vontade e a viver com profundidade o momento presente. O movimento da espera fundamenta-se na certeza de que Deus atua sempre para o nosso bem, mesmo quando os seus planos não coincidem com os nossos.

A espera nunca é vazia, mas é sempre um espaço de confiança onde Deus trabalha em profundidade, preparando-nos para receber o que Ele nos destinou. Na convicção do Apóstolo: *"Eu sei em quem eu coloquei a minha confiança"* (2Tm 1, 12). Esperar não é simplesmente permanecer na inatividade, mas constitui-se em um tempo de preparação, crescimento e vigilância. A espera converte-se em ocasião para aprofundar a nossa relação com Deus, tal como o agricultor prepara a terra antes de semear, a espera é o momento em que aprendemos a trabalhar dentro de nós mesmos as intenções, a paciência e a humildade. A espera pode ser também um tempo precioso em que Deus nos torna mais preparados para receber os seus dons.

O cristão espera sempre com esperança, porque carrega a convicção de que Deus é fiel às suas promessas. Esta esperança nasce da fé em Cristo ressuscitado, já que *"nesta esperança fomos salvos"* (Rm 8, 24). Precisamos aprender a esperar como Maria, o modelo máxime da espera cristã (*em algum momento tinha que me referir a ela neste livro*). O seu "Sim" à Anunciação não é um ato definitivo e concluído, mas o início de uma espera cheia de fé: espera que o Verbo se faça carne (Lc 1, 35); espera que o Menino cresça e comece a sua missão de profeta (Lc 2, 35); espera de silêncio e discrição permanecendo com Ele até o fim, quando o crucificaram (Lc 23, 49) e quando Ele ressuscitou (At, 1, 14). A sua espera é feita de escuta, de oração e de solicitude à vontade de Deus.

O cristão sabe que a aprendizagem da espera é sinal de maturidade espiritual e reconhece que o tempo de Deus é diferente do nosso e na sua espera faz um ato de fé, de amor e de esperança. A formosura da vida cristã está camuflada na espera: não numa espera estéril ou aflita, mas que provém de uma fresta vigilante ao mistério de Deus que atua sempre, mesmo quando não o vemos, na expressão de Tagore: *"Nos regozijamos, Deus, com as lágrimas da terra sorrindo em flor"*.[58]

Na retomada ao texto da parábola, podemos inferir que a maneira do pai agir diante do retorno do filho rebelde deixa extravasar um perdão marcado por uma amorosidade incondicional que permite traçar as seguintes reflexões: ele deixou o filho tomar a decisão de partir, mesmo sabendo que aquela não era uma boa decisão para a sua vida, mas mesmo assim nunca o rejeitou como filho e nunca deixou de esperar a sua volta. Teve compaixão ao vê-lo tão desfigurado e totalmente sujo e esfarrapado. Não disse: *"Bem feito! Eu te avisei"*, ou coisas desse tipo. Mas, ele também se machucou com o filho. Doeu nele também. E aqui os gestos superam as palavras: *"Ao correr em sua direção"* mostrou-lhe afeição e não vingança; *"abraçou e beijou"*. Superou

---

[58] TAGORE, R. *O coração de Deus*: Poemas Místicos. Rio de Janeiro: Ediouro, 2004, p. 74.

a vergonha de *"correr"* e nem se preocupou com a opinião dos outros, como se estivesse exclamando com orgulho: *Este é meu filho! Pode estar desfigurado, sujo, magro e feio. Mas, é meu filho!* Fez lembrar também outro **Pai** com o seu **Filho** descrito pelas palavras do profeta: *"Tão desfigurado estava o seu aspecto e a sua forma não parecia de um homem"* (Is 52, 14); ou referido na voz que se ouviu bradando no céu: *"Este é o meu Filho, o Eleito, ouvi-o"* (Lc 9,35).

Nouwen[59] acrescenta nessa perspectiva que a história do Filho Pródigo assume uma nova dimensão: Jesus, o bem-amado do Pai, deixou a casa do Pai para carregar os pecados dos filhos errantes de Deus e trazê-los de volta, mostrando-nos qual é a verdadeira filiação. *"Ele é o filho mais novo sem ser rebelde. Em tudo obediente ao Pai".* O mistério da redenção é que o Filho de Deus se tornou carne para que todos os filhos perdidos de Deus pudessem também se tornar filhos como Jesus: *"Ele nos predestinou para sermos seus filhos adotivos por Jesus Cristo"* (Ef 1, 5).

"Cadê a mãe?" "Cadê a mãe desses meninos da parábola?" A parábola conta uma história familiar, porém, depreende-se que o texto não menciona em nenhum momento *"uma mãe"* na história. Segundo Joseph Campbell[60], quando um arquétipo tão comum é omitido *"é porque ele está fadado a ser de alguma forma ou outra implícito – e a omissão em si pode falar muito".* O arquétipo da mãe está associado ao princípio da vida, nascimento, calor, nutrição, fertilidade, abundância. A ausência de uma mãe faz com que o pai assimile este arquétipo e tenha atitudes maternas. *"A mãe tem permissão, e até mesmo dela se espera, que corra pela estrada e cubra o menino de beijos, mas certamente que não se espera isso do pai"*[61]. Nas Sagradas Escrituras, Deus, muitas vezes, é descrito como uma mãe: *"Como a uma pessoa que a sua mãe consola, assim eu vos consolarei"* (Is 66, 13); *"Por acaso uma mulher se esquecerá da sua criancinha de peito? Não se compade-*

---

[59] NOUWEN, H.J.M. *A volta do filho pródigo: a história de um retorno para casa.* São Paulo: Paulinas, 2007. p. 138.

[60] CAMPBELL, J. *O herói de mil faces.* São Paulo: Palas Athena Editora, 2023. p. 38.

[61] CIRLOT, J. E. *Dicionário de símbolos.* São Paulo: Centauro, 2005. p. 102.

cerá ela do filho do seu ventre? Ainda que uma mãe se esquecesse eu não me esqueceria de ti" (Is 49, 15). Pode se deduzir que é o pai com tendências maternas e paternas que acolhe o filho de volta e dá a ele uma nova vida. O corolário da questão encontra culminância nas apreciações minuciosas que Nouwen[62] teceu a respeito da pintura "A volta do filho pródigo", de *Rembrant*, que se encontra no museu "Hermitage" (St. Petersburg, Rússia), quando mostrou que o famoso artista muito bem interpretou que o pai não é somente um grande patriarca, mas *"é igualmente pai e mãe"* evidenciando isso na diferença das mãos que abraçam o filho: *a mão esquerda* é forte e musculosa e toca o ombro com os dedos abertos e se estendem pelas costas do filho pródigo parecendo ter a função de sustento como a mão de um pai. Já *a mão direita* é delicada e meiga, dedos juntos e, de modo elegante toca gentilmente os ombros do filho, acariciando-o e oferecendo conforto como a mão de uma mãe.

"E LANÇOU-SE-LHE AO PESCOÇO, COBRINDO-O DE BEIJOS" (20b).

Lucas intertextualiza um gesto que se encontra no Antigo Testamento, na história de Esaú e Jacó, patriarcas do povo de Deus (Gn 27, 33-35). Estes eram irmãos e o conflito também dizia respeito a uma herança. Eram gêmeos, mas tinham personalidades distintas: Esaú era um homem rude e caçador, enquanto Jacó era tranquilo e caseiro. Em um dia de cansaço e fome, Esaú vendeu seu direito de primogenitura a Jacó por um prato de lentilhas. A primogenitura incluía a herança familiar e a bênção especial que deveria ser recebida do pai. No passar dos anos, eis, então, que com a cumplicidade de sua mãe Rebeca, isso se efetivou quando Jacó se disfarçou de Esaú e enganou Isaac, seu pai, que já estava cego e idoso, recebendo a bênção destinada ao primogênito. Ao descobrir que Jacó havia roubado a sua bênção,

---

[62] NOUWEN, H. J. M. *A volta do filho pródigo*: a história de um retorno para casa. São Paulo: Paulinas, 2007. p. 107.

Esaú começa a fazer planos para matá-lo. Sua mãe, temendo essa desgraça o enviou para a casa de seu tio Labão, na terra de Harã. Afinal, após 20 anos trabalhando na casa de seu tio, Jacó retornou à terra de seu pai. Ele temia o reencontro com o seu irmão Esaú, que guardava ódio e desejo de vingança. Mas, surpreendentemente, na noite anterior ao encontro com o irmão, Jacó rezou muito e a sua oração transformou o coração de Esaú que o perdoou. *"Esaú, correndo ao seu encontro, tomou-o em seus braços, arrojou-se-lhe ao pescoço e, chorando, o beijou"* (Gn 33, 4). O beijo, na linguagem bíblica, indica o perdão concedido, tal como o rei Davi beijou Absalão, seu filho rebelde. *"Joab se apresentou ao rei e lhe relatou tais palavras. Então ele chamou Absalão. Este foi ao rei e se prostrou, lançando-se com o rosto em terra diante dele e o beijou"* (2 Sm 14, 33).

No encontro, o filho descobre um pai que o regenera (do latim, *regenerare*; gerar de novo) com o seu amor. Este pai não o deixa pronunciar o discurso que ele havia mentalmente planejado dizer e não lhe pede ou pergunta nada. Simplesmente, beija-o e perdoa-lhe tudo, porque ele voltou para casa. Ao pai interessa o filho, e não o seu passado culposo ou os elementos detalhados da sua culpa. O Pai concede o perdão antes que o filho o peça. O filho está sujo e é um "porcalhão". A cena do seu retorno para a casa leva a pensar que o pai, ao abraçá-lo, se sujou também, atitude totalmente depreciada pelos fariseus. A atitude do pai é surpreendente! E parece mais inconsciente do que tudo, aceitando sujar-se e tornar-se impuro para fazer com que o filho ficasse limpo. Do mesmo modo, Deus não espera que o homem se arrependa e peça perdão, mas concede-o antes. É assim que Deus se comporta: ama os pecadores ainda enquanto estão no pecado, antes até de que se arrependam. A ternura do pai permite emoldurar a cena com o poema *Alguém me embale no colo*, de Fernando Pessoa/Alberto Caieiro:

Pega-me tu ao colo

E leva-me para dentro da tua casa.

Despe o meu ser cansado e humano

e deita-me na tua cama.

E conta-me histórias, caso eu acorde,

para eu tornar a adormecer.

E dá-me os sonhos teus para eu brincar

até que nasça qualquer dia

que tu sabes qual é.

"O FILHO, ENTÃO, DISSE-LHE: PAI, PEQUEI CONTRA O CÉU E CONTRA TI, JÁ NÃO SOU DIGNO DE SER CHAMADO TEU FILHO" (21).

Mesmo encontrando um amor quase materno, ele crê que não é digno do perdão do pai e também de merecê-lo e, por isso, tem a intenção de oferecer o seu serviço a ele trabalhando como um empregado. Afoito, ele arrisca ao pronunciar somente a metade do seu discurso, quando o pai o interrompe, apertando-o com um abraço. Distingue-se que o filho incorporava a má ideia da religião que prega o perdão como merecimento, raciocinando dentro dos critérios da meritocracia, que o fazia ser digno ou não de receber o perdão do pai; e também em termos econômicos, isto é, para ele, ser filho ou não dependia do que fizera com a herança. De tal modo, de maneira análoga, podemos realçar que, quando o pecador se encontra com Deus, não deve dizer nada, mas só escutar: é Deus quem deve falar. Ainda que a sua volta esteja implicitamente ligada às questões de sobrevivência e de necessidade, despontam aqui algumas interrogações existenciais: o que aconteceu com ele que o fez tão diferente entre a saída e a volta à casa do pai? Que vazios experimentou durante o período que esteve longe da casa paterna?

O que o levou a perder tudo, até mesmo a autoestima, para voltar agora de modo tão miserável? Que experiências carregava em seu coração que afetaram tanto o sentido da sua vida? Desconheço, dentro da minha prática de escuta das pessoas, quem tenha aprendido coisas significativas, ou que tenha mudado suas prioridades na vida, estando plenamente feliz, entendendo a felicidade como um similar da alegria, e não como uma decisão. Entendo que as aprendizagens realmente eficazes são aquelas que ocorrem por meio de processos dolorosos, e nas lições que resgatamos delas parece estar o segredo do nosso crescimento espiritual e afetivo. Como padre e psicólogo clínico, tenho acompanhado de perto a "*transformação*" pelo sofrimento e pela dor na vida de muitas pessoas, sobretudo quando se vive a perda de um ente querido ou se passa pelo câncer. E posso afirmar que está absolutamente provado que a expressão emocional, ou seja, a capacidade de dizer e de reconhecer, tanto em nós mesmos quanto nos outros, o que sentimos é importantíssima para a saúde física e mental. A história tem registros incríveis sobre as transformações que o sofrimento, em suas variadas dimensões e situações, tem suscitado na vida das pessoas.

Lendo a obra *Recordações da casa dos mortos*, de **Fiódor Dostoiévski**, escritor russo do século XIX, em que há uma quase identificação entre narrador, autor e protagonista, tomei conhecimento de que Dostoiévski foi preso e exilado na Sibéria, onde passou dez anos, sob a acusação de conspirar contra o czar Nicolau I. Ele tinha 28 anos e passou esses anos na Sibéria, basicamente carregando e quebrando pedras, abrindo estradas e canais. Os presos viviam amontoados em dormitórios infestados e cada banheiro era partilhado por cerca de 200 detentos. A temperatura no inverno descia a 20º C negativos, com epidemias frequentes. Proibido de ler e escrever, Dostoiévski só pôde levar consigo um exemplar da Bíblia. Como era um preso político do czar, passou os quatro anos arrastando grilhões afixados às mãos e aos pés. Epilético, com tosse crônica, subnutrido e sofrendo de hemorroidas terríveis, como ele sobreviveu a tudo isso constitui-se em enigma na biografia do escritor. O autor de *Crime e castigo* e *Os irmãos Karamazov* relatou o espaço da prisão como espaço de sofrimento e de compartilhamento do sofrimento que mudou completamente a sua maneira de ver o mundo e as pessoas. Ele, depois que saiu, escreveu que esses anos de prisão e exílio lhe trouxeram a regeneração de suas convicções, o que lhe proporcionou expandir a sua compreensão do mundo e de si mesmo[63].

Ao relatar a história de Dostoiévski, escritor cuja obra me fascina, poderia falar também de muitas outras pessoas que, tocadas pela dor e pelo sofrimento, se deixaram transformar e se tornaram resilientes (do latim, *resiliens, resilire*). Conceito este que se refere "à *elasticidade e à força humana de reagir a eventos traumáticos e superá-los, reconstruindo a vida*".[64]

Viktor E. Frankl foi um médico austríaco judeu, fundador da logoterapia (terapia do sentido da vida), que passou pela terrível experiência do campo de concentração em 1942 e teve toda a sua família assassinada pelos nazistas. Em sua obra magistral, *Em busca de sentido*[65], ele parafraseia e comenta sobre Dostoiévski, que disse: "*Temo somente uma coisa*: não ser digno do meu tormento". Frankl vai dizer que:

> [...] *essas palavras ficavam passando muitas vezes pela cabeça da gente quando se ficava conhecendo aquelas pessoas tipo mártir, cujo comportamento no campo de concentração, cujo sofrimento e morte testemunham essa liberdade interior última do ser humano, a qual não se pode perder. Sem dúvida, elas poderiam dizer que foram "dignas dos seus tormentos". Elas provaram que, inerente ao sofrimento, há uma conquista, que é uma conquista interior. A liberdade espiritual do ser humano, a qual não se lhe pode*

---

[63] DOSTOIÉVSKI, F. *Recordações da casa dos mortos*. Tradução de Nicolau S. Peticov. São Paulo: Nova Alexandria, 2006.

[64] CYRULNIK, B. *Resiliência*: essa inaudita capacidade de construção humana. Lisboa: Instituto Piaget, 2001. p. 14.

[65] FRANKL, V. E. *Em busca de sentido*. 2. ed. São Leopoldo; Petrópolis: Sinodal: Vozes, 2002. p. 67.

tirar, permite-lhe, até o último suspiro, configurar a sua vida de modo que tenha sentido. Pois não somente uma vida ativa tem sentido, em dando à pessoa a oportunidade de concretizar valores de forma criativa. Não há sentido apenas no gozo da vida, que permite à pessoa realizar valores na experiência do que é belo, na experiência da arte ou na natureza. Também há sentido naquela vida que – como no campo de concentração – dificilmente oferece uma chance de se realizar criativamente e em termos de experiência, mas que lhe reserva apenas uma possibilidade de configurar o sentido da existência, e que consiste precisamente na atitude com que a pessoa se coloca face à restrição forçada de fora sobre o seu ser. Faz muito que o recluso está privado de realizar valores criativos. Mas não se encontra sentido apenas na realização de valores de criação e de experiência. Se é que a vida tem sentido, também o sofrimento necessariamente o terá. Afinal de contas o sofrimento faz parte da vida, de alguma forma, do mesmo modo que o destino e a morte. Aflição e morte fazem parte da existência como um todo.

O que diferencia um ser humano do outro é o sentido que cada um atribui à sua vida, já que viver com sentido significa algo real e concreto que representa a destinação de cada ser humano, que é desigual e singular para cada um. A questão do ser humano é encontrar qual é o sentido da sua existência. Quando alguém percebe que a sua vida é atravessada pelo sofrimento e abraça isso que pode ser uma doença, uma perda, uma limitação, um trauma, o sofrimento transfigura-se em sua única tarefa. Ninguém pode expiar ou sofrer em seu lugar. Todos nós, certamente, já expressamos ou ouvimos alguém dizer: *"Já não espero nada da vida"*. Lograríamos replicar da seguinte forma: *"Na verdade, não importa que não esperemos nada da vida, mas sim que a vida espere algo de nós. O que a vida espera de nós constitui o porquê de nossa existência e, quando se conhece o porquê, consegue-se suportar quase qualquer como"*[66].

---

[66] MORENO, J. M.; GRIFFA, M. C. *Chaves para a psicologia do desenvolvimento*: adolescência, vida adulta, velhice. São Paulo: Paulinas, 2001. p. 226.

Ao longo da história da humanidade a experiência do sofrimento tem forjado a formação de heróis, santos e pessoas, conhecidas ou anônimas, que passaram a *fazer diferença* no mundo. Há aprendizagens que ocorrem no gozo, e são as que nos permitem valorizar o que temos, reforçar e manter os vínculos e, acima de tudo, se assim decidirmos e trabalharmos com força de vontade. Mas as mudanças de prioridades e de sentido e as grandes guinadas na vida ocorrem sempre depois de algo difícil e doloroso, depois do medo e do desamparo. Creio que diante, destes momentos, existem apenas duas opções: ou nos amarguramos e nos vitimizamos e perdemos a alegria da vida e a capacidade da ternura; ou aceitamos o sofrimento e nos transformamos e nos fazemos resilientes.

Lembro que escolhi como leitura para a missa da minha ordenação sacerdotal as palavras que se encontram no **Livro do Eclesiástico**, capítulo 2, 1-6:

"Filho, se te dedicares a servir ao Senhor, prepara-te para a prova.

Endireita teu coração e sê constante, não te apavores no tempo da adversidade.

Une-te a ele e não te separes, a fim de seres exaltado no teu último dia.

Tudo o que te acontecer, aceita-o, e nas vicissitudes de tua pobre condição sê paciente, pois o ouro se prova no fogo,

e os eleitos, no cadinho da humilhação.

Confia no Senhor, ele te ajudará, endireita teus caminhos e espera nele".

Muitas e muitas vezes tenho retomado essas palavras, sobretudo nos momentos em que anseio compreender a razão dos sofrimentos que a vida me apresenta. Sou assim transladado pelos versos de **Dom Hélder** no poema *Fim de Comédia:*

> *A sinceridade só começa*
>
> *quando se entende o mistério da fraqueza humana.*
>
> *Quando se sabe que a misericórdia divina*
>
> *tem motivos para querer-nos eternamente frágeis.*
>
> *Quando se aceita*
>
> *a condição humilde de criatura*
>
> *vinda do barro,*
>
> *e ao barro voltada.*
>
> *Aí,*
>
> *começam a cair as máscaras*
>
> *o palco se torna inútil*
>
> *porque se pode, enfim,*
>
> *ser fraco entre os fracos,*
>
> *criatura entre as criaturas.*[67]

O sofrimento do filho mais novo e a sua mudança propiciam lembrar também a mudança que ocorreu na vida de tantos homens e mulheres que, passando pelo sofrimento e a dor nas suas variadas formas, também encontraram o sentido de suas respectivas vidas, tornando-se pessoas santas e próximas de Deus como **Santo Agostinho** que interrogava:

> *Onde é que te encontrei, para poder conhecer-te? Não estavas na minha memória antes de eu te conhecer. Onde, então, te encontrei, para conhecer-te, senão em ti mesmo, acima de mim? No entanto, aí não existe espaço.*

---

[67] CÂMARA, D. H. *Mil razões para viver:* Meditações do Padre José. Rio de Janeiro: Civilização Brasileira, 1973. p. 37.

Tarde te amei, ó beleza tão antiga e tão nova! Tarde demais eu te amei! Eis que habitavas dentro de mim e eu te procurava do lado de fora! Eu, disforme, lançava-me sobre as mais belas formas das tuas criaturas.

Estavas comigo, mas eu não estava contigo. Retinham-me longe de ti as tuas criaturas, que não existiriam se em ti não existissem. Tu me chamaste, e teu grito rompeu a minha surdez.

Fulguraste e brilhaste e tua luz afugentou a minha cegueira. Espargiste tua fragrância e, respirando-a, suspirei por ti.

Eu te saboreei, e agora tenho fome e sede de ti. Tu me tocaste, e agora estou ardendo no desejo de tua paz.! [68]

Logramos estabelecer um nexo com a parábola contada por Jesus quando as dificuldades e os sofrimentos no percurso da nossa vida escavam um espaço para o sentido. Neste espaço, tal como numa casa, Deus passa a habitar. E nos tornamos a sua morada: *"Se alguém me ama, guardará minha palavra e o meu pai o amará e a ele viremos e nele estabeleceremos morada"* (Jo 14, 23).

Enfim, a parábola da volta do filho mais novo permite absorver que os acontecimentos dolorosos no caminho de nossa vida podem se tornar também possibilidades de encontros conosco, com os outros e com Deus. De tal maneira que a frase do filósofo francês Jean-Paul Sartre *"Não importa o que fizeram de mim, o que importa é o que eu faço com o que fizeram de mim"* é uma frase que põe em relevância a liberdade humana, mostrando que o ser humano é responsável pelo que faz com aquilo que lhe foi feito.

"MAS O PAI DISSE AOS SEUS SERVOS: IDE DEPRESSA, TRAZEI A MELHOR TÚNICA E REVESTI-O COM ELA, PONDE-LHE UM ANEL NO DEDO E SANDÁLIAS NOS PÉS" (22).

---

[68] SANTO AGOSTINHO (Bispo de Hipona). *Confissões*. São Paulo: Paulus, 1997. p. 298.

O pai, no calor da emoção da volta do filho, manifesta pressa e ansiedade, interrompendo o seu discurso. Ele concede-lhe imediatamente o perdão e realiza alguns gestos de acolhida para restituir vida, amor, dignidade e liberdade ao filho que havia perdido tudo. Não optou por castigar o filho, mas por devolver a ele a dignidade que lhe fora perdida. O primeiro gesto do pai foi o de dar ao filho uma nova túnica, pois ele voltara sujo e despido de suas vestes, parecia um mendigo e maltrapilho e precisava de uma **nova veste**. Todavia, o gesto tem mais densidade, porque não se trata simplesmente de trocar uma veste suja por outra limpa, mas de conceder uma honraria que indica grande autoridade e dignidade. A intertextualidade bíblica possibilita evocar que no *Livro de Gênesis*, Deus não afastou os pecadores, Adão e Eva, sem revesti-los Ele mesmo com túnicas de pele (Gn 3, 21). Essa vestição demonstra que eles, mesmo tendo pecado, continuavam chamados à dignidade do homem decaído, dando-lhes a possibilidade de restaurar a glória perdida[69]. Moisés que retirou a veste sacerdotal de Aarão e vestiu com ela o filho Eleazar, indicando que ele estava sucedendo ao pai no sacerdócio (Nm 20, 27-29); ou quando um rei para premiar um general por uma vitória numa batalha, concedeu a ele como prêmio uma nova veste: *"Mandou vir Filipe, um dos seus amigos, e o estabeleceu à frente de todo o seu reino. Entregou-lhe o diadema, o manto e o anel do sinete"* (1Mc 6, 14 -15).

A entrega de uma determinada veste e o seu uso indica uma mudança de condição, função ou de vocação. Era também comum que as famílias abastadas guardassem uma túnica como veste filial esperando um hóspede de honra. Esta era a "melhor veste".

Nos tempos antigos como nos dias de hoje, os dedos eram adornados com anéis que revelavam a importância da pessoa e da sua função, tal como um anel de formatura. **O anel** como todo círculo fechado é um símbolo de continuidade e totalidade.[70] O anel tinha o significado de um selo, e os selos sempre foram mar-

---

[69] LÉON-DUFOUR, X. *Vocabulário de Teologia Bíblica*. Petrópolis: Vozes, 2013. p. 1065.

[70] CIRLOT, J.E. *Dicionário de símbolos*. São Paulo: Centauro, 2005. p. 273.

cas impressas em documentos, equivalentes à assinatura. Muitas vezes, neles era gravado o nome do possuidor e eram usados na mão direita (Jr 22, 24). O anel constituía um símbolo de poder. Não é um adereço, uma joia, mas o equivalente a um talão de cheques ou um cartão de crédito dos dias de hoje. No anel está a garantia de que ele podia fazer compras e agora tinha crédito. Por isso, o pai pôs o anel no dedo do seu filho como sinal de que ele retornava à condição anterior de filho com o mesmo poder que tinha antes. Há algo de paradoxal no gesto do pai, que ao filho que tinha desperdiçado sua herança dá de novo o anel e o coloca como chefe da administração da casa. A intertextualidade faz rememorar a história de José do Egito, no Antigo Testamento, quando José foi caluniado e encarcerado e foi esclarecida a sua inocência, o faraó o mandou de volta como chefe do Egito com gestos semelhantes: "*E o faraó tirou o anel de sua mão e o colocou na mão de José, e o revestiu com vestes de linho fino e lhe pôs no pescoço o colar de ouro*" (Gn 41-42). Também encontramos no *Livro de Ester*, o relato de que o rei Assuero a presenteara com um anel para favorecer o povo judeu: "*O rei tirou o seu anel, que retomara de Amã, para dá-lo a Mardoqueu, a quem Ester confiara a gestão da casa de Amã*" (Est 8, 1-2).

Depois das vestes e do anel, o pai entregou ao filho as **sandálias**. Estas eram consideradas elemento de luxo, pois somente os patrões as calçavam e os servos e empregados não as tinham. Implicitamente simbolizavam liberdade e pisar calçado em um terreno queria dizer tomar posse dele[71]. O pai quer que o filho não seja considerado nem empregado nem hóspede, mas patrão da sua casa. E, ao filho que queria voltar na condição de empregado, o pai concedeu novamente a condição de patrão, isto é, de uma pessoa totalmente livre. O conjunto de ações efetuadas pelo pai manifestava ser preciso restituir ao filho sua condição de patrão, de Filho do Dono, e restabelecer a alegria que fora perdida com a sua partida. A túnica, o anel e as sandálias são sinais de homem honrado; homem que tem autoridade e homem livre, respectivamente.

---

[71] BOVON, F. *El Evangelio según San Lucas*. Salamanca: Sígueme, 2005. v. 3.

São três ações que fogem da normalidade e dos preceitos da justiça e que indicam que o amor do pai vai além de todas as categorias e expectativas humanas, já que os três gestos revelam três aspectos fundamentais do perdão cristão: a reparação da honra perdida; a expressão de uma fidelidade ainda maior e a plena liberdade que constituem a essência do perdão de Deus.

"TRAZEI O NOVILHO CEVADO E MATAI-O; COMAMOS E FESTEJEMOS" (23).

A relação de Deus com os pecadores não se dá em forma de condenação, mas de celebração pelo primeiro desejo de conversão. A acolhida na casa paterna é algo público e a matança do novilho gordo, oferecendo carne para todos os convidados, traduz a comemoração (do latim, *commemorare*; trazer à memória; tornar inesquecível)[72]. No tempo da comunidade de Lucas, comer carne era fato raro e, por isso, a matança do novilho cevado indicava que se estava vivendo um acontecimento excepcional. O tema do novilho cevado aparece por três vezes na narração, talvez numa tentativa de dar equilíbrio à grande fome que o rapaz tinha passado fora de casa, demonstrando que o retorno do filho equivale a uma festa. O novilho era considerado a melhor de todas as carnes e sempre havia um novilho cevado reservado para as condições e datas especiais. O *Livro de Gênesis* (18, 7) conta que Deus se manifestou a Abraão no carvalho de Mambré, em Hebron e que Abraão preparou uma lauta refeição aos três hóspedes e *"correu ao rebanho e tomou um vitelo tenro e bom; deu ao servo que se apressou em prepará-lo"*.

O novilho cevado era normalmente utilizado para honrar a Deus e o pai agora o utiliza para honrar o filho pecador, já que o encontro com o pecador equivale a um encontro com Deus e requer uma festa. O pai não impõe uma penitência, mas sim convida para festejar, tornando explícita a acusação que fora feita pelos fariseus e escribas contra Jesus: acolher os pecadores e fazer refeição com eles.

---

[72] CUNHA, A. G. da. *Dicionário etimológico*. Rio de Janeiro: Nova Fronteira, 1986. p. 198.

"POIS ESTE MEU FILHO ESTAVA MORTO E TORNOU A VIVER; ESTAVA PERDIDO E FOI REENCONTRADO! E COMEÇARAM A FESTEJAR!" (24)

A alegria do pai era ver o seu filho vivo. A expressão *"estava morto"* equivale em Lucas à ideia daquele que não havia encontrado o caminho do Reino e, no sentido metafórico, significa que ele *"estava moralmente corrompido"*. A entonação lucana levanta a interrogação: *"O que aproveita ao homem ganhar o mundo inteiro, se ele perder ou arruinar a si mesmo?"* (Lc 9, 25). Sem embargo, a morte de um filho pode ser uma das maiores dificuldades para um pai e uma mãe, constituindo-se uma perda avassaladora que causa sofrimento intenso e incessante.

A morte de um filho é motivo de muito sofrimento, qualquer que seja a idade do filho, porque o que conta não é a idade, mas a intensidade da ligação afetiva. Representa para os pais a perda de uma parte de si. Este luto dura toda a vida e se entrelaça constantemente às diversas fases da vida familiar. Um filho não pode morrer porque é fonte de alegria, sorrisos, felicidade e projetos para o futuro. Se a perda dos pais representa a perda daquilo que foi vivido, todavia, a morte de um filho estabelece a perda daquilo que não será vivido, incidindo na ideia de continuidade da vida. Dentre todos os lutos, este é o mais difícil de ser enfrentado, já que comporta a percepção de um acontecimento que vai "contra a natureza". A morte de um filho faz emergir um grande sentimento de culpa, por exemplo por não ter conseguido protegê-lo e evitado a sua morte, ou ter ficado pouco tempo com ele... Também pode ser vista como "uma punição" e isso ocasiona uma dor imensa aos pais. É comum que as famílias não saibam o que fazer nessa situação e as pessoas mais próximas não saibam o que dizer para consolar os pais. Estes se perguntam, quase sempre: *"Por que ele e não nós?"*. Há casos de crianças que morrem imediatamente ao seu nascimento e ainda nos braços da mãe; ocorrem perdas de filhos por doenças degenerativas, câncer, acidentes, suicídios, assassinatos e morte súbita...

No *Grupo Âncora* (Grupo de Apoio aos Enlutados) – que coordenamos – as experiências e os sofrimentos são compartilhados, e neste encontro pais e mães choram juntos e dão expressão às suas emoções. É um grupo de entreajuda, cuja proposta é falar e escutar a dor de si e do outro. É um momento para o enlutado sair de sua casa e se arrumar para conviver. É um espaço que promove saúde e bem-estar pessoal, onde experimentamos que dor compartilhada é dor diminuída.

Isabel Allende[73] descreveu o seu longo calvário e de toda a sua família ao ter que lidar com uma doença rara que levou a morte de sua filha, Paula, que tinha apenas 29 anos. Com uma força extraordinária ela descreveu o seu *desgosto: "Posso viver sem você? Não quero a sua lembrança, quero viver sua vida, ser você, que ame, sinta e possa palpitar dentro de mim, que cada gesto meu seja um gesto seu, que minha voz seja a sua voz... Quero gritar até o último alento, rasgar a roupa, arrancar meus cabelos aos punhados, me cobrir de cinzas, é assim que quero sofrer este luto, mas passei cinquenta anos seguindo as regras do bom comportamento, sou especialista em negar a indignação e aguentar a dor, não tenho voz para gritar. Talvez os médicos estejam errados e as máquinas mentindo, talvez você não esteja inteiramente inconsciente e perceba meu estado de espírito. Esta dor reprimida está me sufocando, saio para o terraço e o ar não chega para tantos soluços nem a chuva pode bastar para tantas lágrimas. Então pego o carro e me afasto daqui, a caminho dos morros, meio às cegas chego ao bosque dos meus passeios, onde tantas vezes me refugiei para ficar pensando sozinha. Vou me internando a pé, ando pelas trilhas que o inverno torna impraticáveis. Tropeço no pedregulho, abrindo caminho através da umidade verde deste enorme espaço vegetal, semelhante àqueles da minha infância. Vou com os pés enlameados e a roupa encharcada e a alma sangrando, e quando escurece e não aguento mais de tanto andar e esbarrar e resvalar e me levantar de novo e continuar tropeçando, finalmente caio de joelhos, estraçalhando a minha blusa, os botões saltam e com os braços abertos*

---

[73] ALLENDE, I. *Paula*. Rio de Janeiro: Bertrand Brasil, 1995. p. 457.

em cruz e o peito nu, grito seu nome, filha. A chuva é um manto de cristal escuro e as nuvens sombrias se deixam ver por entre as copas das árvores negras e o vento morde os meus seios, entra nos meus ossos e me lava por dentro com seus trapos gelados. Enfio as mãos na lama, pego punhados de terra que levo até o rosto, que meto na boca, e mastigo grumos de lodo salgado, aspiro sofregamente o cheiro ácido do húmus e o aroma medicinal dos eucaliptos. Terra, acolhe, recebe, abraça a minha filha, nos ajuda, mãe terra, eu te peço, e continuo a gemer pela noite que desaba sobre mim, chamando você, chamando você. Lá longe passa um bando de patos selvagens que levam seu nome para o sul. Paula, Paula...".

Regressando novamente à parábola, é possível dizer que a atitude de Deus no confronto com o homem pecador é sempre a de comunicar-lhe vida e depois fazer uma festa. O encontro do pecador com Deus não consiste na humilhação da sua infidelidade, mas na exultante experiência do seu amor. A acolhida dos pecadores que decidem voltar à casa do pai precisa ser comemorada. Concretizam-se, então, as palavras do Apóstolo: "*E Deus escolheu as coisas humildes do mundo, e as desprezadas, e aquelas que não são, para reduzir a nada as que são*" (1Cor 1, 28). O filho que havia solicitado a herança e considerado o pai como morto mostrou que, na realidade, foi ele quem foi ao encontro da morte. Contudo, retornou agora à vida como um "*novo nascimento*" e, por isso, mereceu essa festa. Lucas enfatiza intencionalmente o termo "morte" citando-o por três vezes (vers. 17, 24 e 32), e também por três vezes repete o termo "festa" (vers. 23, 24 e 32). De forma belíssima, *o eu lírico* do filho perdido é retratado na sutileza poética de Waldemar Valle, "Caminhos do filho pródigo"[74].

Olha os farrapos que me cobrem; os sinais de sofrimento, que me aguilhoam a carne; A cabeça pendente, sem força para erguer-se.

Sente o cheiro da terra que me impregna. Mede a minha solidão: espaço, outrora cheio de amigos que me endeusavam; agora, circundado de fosso que me atrai.

---

[74] VALLE, W. *Vitrais do mundo.* São Paulo: Loyola, 1999. p. 89.

Fixa o teu olhar nos meus olhos baços.

Ausculta meu coração em sobressalto, exausto de bater impulsivamente e prestes a parar, por desgastado.

Surpreende minhas noites de vigília: o suor salpicando meu corpo dolorido;

As imagens, turvando a mente, em rasgos de esperança e pavores de desespero.

Desperta-me dos pesadelos da morte.

Colhe a voz que ficou bloqueada, na garganta, ao tentar a prece e

Vê, Senhor, se tens coragem de abraçar-me, com tua misericórdia, antes que o temor de tua justiça me afaste de ti para sempre.

Se me receberes, permito-me dispensar o alegre festim do retorno,

Não porque eu tema o protesto do irmão enciumado, mas porque gostaria de esconder-me, entre os teus servos, para balbuciar, sem ser interrompido: Obrigado!

Diante da proposta de **Ser o filho mais novo**, convidamos o leitor a que faça agora a sua reflexão individual, em um lugar e em um momento propício, anotando as ressonâncias que percebeu em sua vida: suas representações, ideias e sentimentos.

1ª Reflexão individual:
"SER O FILHO MAIS NOVO"

Depois de pedir a Luz do Espírito Santo e colocar-se inteiramente diante de Deus, convido-o a refletir as seguintes palavras:

Um dos grandes desafios da vida espiritual é o de receber o perdão de Deus. Há alguma coisa em nós, humanos, que faz que nos apeguemos aos nossos pecados e nos impede de deixar Deus banir o nosso passado e nos oferecer um recomeçar inteiramente novo. E, quando eu chegar à Casa do Pai e sentir o abraço do Pai, compreenderei que não terei somente direito ao céu, mas também a terra será minha herança, um lugar onde poderei viver em liberdade sem obsessões ou coações. Como filho mais novo, tenho experimentado o amor incondicional de Deus, independentemente de qualquer aplauso ou realização, fracasso ou decepção? Deixar o *país estrangeiro* para voltar à casa do pai é somente o princípio. O caminho para casa é longo e difícil. O que fazer no percurso de volta ao Pai?

Ressonâncias

O DEUS QUE ESPERA: A PSICOLOGIA DO PERDÃO

É perigoso mostrar *ao homem com muita frequência que ele é igual* às *bestas, sem lhe mostrar a sua grandeza. Também é perigoso mostrar-lhe muito frequentemente a sua grandeza sem a sua baixeza. É ainda mais perigoso deixar que ele ignore a ambas. Mas é muito desejável mostrar-lhe as duas juntas.*

(Blaise Pascal)

SER O FILHO MAIS VELHO

"SEU FILHO MAIS VELHO ESTAVA NO CAMPO. QUANDO VOLTAVA, JÁ PERTO DE CASA OUVIU MÚSICAS E DANÇAS" (25).

Entra em cena, agora, na parábola o outro filho, o primogênito, o mais velho que estava no campo, longe de casa. Lucas, ao falar desse outro filho possibilita relembrar e aludir intertextos de outras narrativas bíblicas que contam histórias de relação entre irmãos, tais como a de Caim e Abel, Isaac e Ismael e a de Jacó e Esaú. Implicitamente, de maneira intertextual, como estamos percebendo na parábola analisada, as figuras dos dois irmãos refletem, principalmente, o problema da relação Israel-pagãos, na controvérsia com os fariseus e escribas. A narrativa da chegada do irmão mais velho e a forma como ele se comporta permitem traçar características sobre a sua personalidade. Inicialmente, ele fica como que *"assustado"* com o barulho e a movimentação da festa. Sendo ele também jovem, seria considerado *"normal"* sentir-se atraído pela música e pela dança, mas evidencia-se que ele parece não estar habituado a isso, por ser uma pessoa cinzenta e fechada (mal-humorada?), ou séria demais, que não tem tempo para confraternizações e diversões. A presença da música e da dança o deixou meio perturbado e intrigado, fazendo--lhe, certamente, deduzir que o irmão tinha voltado. Diferentemente do pai, suas atitudes vão demonstrar que ele não esperava e nem desejava o retorno do irmão. O seu modo de agir vai possibilitando, aos poucos, um transbordamento de raiva e indignação que fogem do seu controle. Embora parecesse próximo do pai, ele também estava *"perdido"*, diante das ações que o pai havia tomado com a volta do irmão; por isso, recusa-se a entrar para a casa e fica lá fora de tocaia. Paradoxalmente, pode-se auferir que *"o irmão perdera-se fora da casa e ele estava perdido dentro da casa do pai"*. Era o mais velho, o primogênito, e, normalmente, os filhos mais velhos, talvez pela busca de tentar corresponder às expectativas dos pais desde muito cedo, podem se apegar a um modelo de vida extremamente severo, autoexigente e responsável, correndo o risco de se perderem nas malhas do perfeccionismo e serem pouco complacentes consigo e com os outros, ou de perderem a alegria, se não tiverem o controle de toda a situação.

"CHAMANDO UM SERVO, PERGUNTOU-LHE O QUE ESTAVA ACONTECENDO" (26).

A sequência narrativa deixa bem claro que ele não tem a iniciativa e nem se sente à vontade de entrar diretamente na casa. Age como alguém que não tem a liberdade dentro da casa onde mora. Sob o olhar retórico e literário, estamos no clímax da parábola. O clímax é o momento de maior tensão e emoção de uma narrativa, quando a ação atinge seu ponto crítico e o desfecho se torna inevitável. É o ponto mais alto do conflito, que ocorre pouco antes do desfecho. A situação permite, consoante o direcionamento da parábola, perceber para quem Jesus está falando e de quem está falando. O auditório é um elemento central na retórica e na teoria da argumentação, pois é o alvo do discurso persuasivo[75].

De tal forma que os pecadores, fariseus e escribas são o auditório, ou seja, o conjunto de pessoas que Jesus, o orador, pretende influenciar com a sua argumentação. A parábola é voltada a eles, que acreditam ser os filhos maiores. Além desses grupos — trazendo ao presente —, é também voltada para aqueles que, na comunidade, se creem (acreditam) justos. Ele, neste irmão mais velho, apresenta a instituição religiosa que julga e condena. O mais velho — em grego, *presbítero* — tem origem no grego *presbyteros* (πρεσβύτερος), que é a forma comparativa de *presbys*, que significa *"homem velho"*, os anciãos do povo, que com os escribas e saduceus formavam o sinédrio. Dentro do contexto desenhado pela parábola, o filho mais velho representa

---

[75] CARVALHO, F. A. *A gestão do ensino religioso no Brasil*: uma análise do gênero opinativo. Curitiba: Appris, 2020. p. 65.

os líderes judeus, caracterizados pelos fariseus e doutores da Lei. Isso se encontra ancorado nas falas sequenciais: *"Tantos anos te sirvo"*, ou *"Nunca desobedeci a uma ordem sua"*. Enquanto Deus perdoa, o sinédrio julga e castiga[76]. Qualquer semelhança com a realidade pode ser mera coincidência, muita gente em nossas comunidades e igrejas têm dificuldade de lidar com a festa: sisudez, cara fechada, gestos estereotipados e enrijecidos, celebração sem encontro e sem abraço. O pior: proíbem a alegria!

"ESTE LHE DISSE: É TEU IRMÃO QUE VOLTOU E TEU PAI MATOU O NOVILHO CEVADO, PORQUE O RECUPEROU COM SAÚDE" (27).

O servo diz que o filho mais novo foi encontrado *"com saúde"*, ou seja, recuperado. A indignação do filho mais velho revela um contraste extremo com a alegria do pai. No entanto, de todas as ações realizadas pelo pai, que deu ao filho uma túnica nova, um anel, as sandálias e a festa, aquela que mais parece ter surpreendido o servo foi a de que o pai matara o novilho cevado.

A alegria do pai não é compartilhada com o filho mais velho, que a contrapõe com sua raiva e cólera. O novilho cevado, já mencionado nos comentários do versículo 23, era um animal especial reservado para grandes eventos.[77] Os judeus tinham o costume de separar os melhores animais para o surgimento de ocasiões especiais, já que, se de última hora surgisse uma necessidade de comemoração especial, não poderiam pegar qualquer animal. E, por isso, separavam com cuidado alguns animais que eram cevados (bem-criados). O pai declarou: *"... matai o novilho cevado..."* A análise textual permite constatar que este *"novilho cevado"* não era somente *"um"* novilho cevado. Se usasse o termo *"um"*, poderia se pegar um dentre outros novilhos cevados. O detalhe de *"O novilho cevado"* se repete nos versículos 27 e 30. Era o melhor dos melhores

---

[76] JEREMIAS, J. *As parábolas de Jesus*. São Paulo: Paulus, 1986.

[77] COÊLHO, C. O novilho cevado e a alegria do retorno. *Blog do Celson*, [s. l.], 2013. Disponível em: https://celsoncoelho.blogspot.com/2013/09/filho-prodigo-lucas-15-novilho-cevado.html. Acesso em: 16 out. 2024.

que se deveria pegar. Talvez possamos entender assim: o pai tinha um rebanho, desse rebanho separavam-se os melhores novilhos para ocasiões especiais. Todavia, percebia-se que, desses novilhos especiais, havia um que era o melhor deles. Este era separado em especial, reservado; em consequência, quando o pai pediu para pegar "O" novilho cevado, ele tinha uma certeza em seu coração: não haveria ocasião mais especial do que aquela para ser comemorada e fazer uma festa, ou seja, o retorno do Filho à casa paterna.

"ENTÃO ELE FICOU COM MUITA RAIVA E NÃO QUERIA ENTRAR" (28a).

Nesta situação, ambos os filhos se parecem: o primeiro saiu teimosamente de casa, o segundo também de maneira teimosa agora não quer entrar. Comportando-se assim, *ambos abandonaram o Pai. De modo subliminar, a recusa de "entrar" é como se fosse "uma acusação"* que Jesus faz aos escribas e fariseus. Eles discriminavam e se recusavam a conviver com os pecadores, mas Jesus os havia advertido com duras palavras: *"Ai de vós, legistas, porque tomastes a chave da ciência! Vós mesmos não entrastes e impedistes os que queriam entrar!"* (Lc 11, 52); *"Em verdade vos digo que os publicanos e as prostitutas estão vos precedendo no Reino de Deus"* (Mt 21, 31-32). Quem vive o seu relacionamento com Deus em nome do sacrifício e da renúncia corre o risco de pensar ter mais direitos do que os outros, simplesmente pelos seus méritos, e de esquecer de que o amor de Deus é gratuito, e que Ele possa conceder também a quem, pelo próprio comportamento, não o merece.

Na esfera dos estudos psicológicos, em sintonia com o pensamento do psicólogo Adler[78], este traz a afirmação de que para julgar qualquer ser humano, é necessário que, antes de tudo, se conheça o contexto familiar onde ele se desenvolveu e a posição familiar que ocupava, quando criança, no seio da família. Assim, podemos entender que a caracterização do filho mais velho em todas as culturas o coloca num lugar de importância por causa de

---

[78] ADLER, A. *A ciência da natureza humana*. São Paulo: Companhia Editora Nacional, 1957.

sua progenitura, já que, desde muito cedo, há como que um culto à sua personalidade e as expectativas com relação a ele tendem a ser maiores. De fato, os pais aprendem a ser pais com os filhos mais velhos e, muitas vezes, os fazem de guias e modelos para os outros filhos. Se, num primeiro momento, o da infância, a relação entre os irmãos pode ser marcada pela disputa da atenção e do amor dos pais, ocorre também nesta relação o desenvolvimento da personalidade individual, através da diferenciação entre os irmãos e dos traços peculiares de cada um. Na parábola, a reação do irmão mais velho diante da volta do irmão mais novo faz aflorar sentimentos autodestrutivos e incontroláveis, já que, ao voltar para casa e se deparar com a festa promovida pelo pai, ele deixa extravasar sentimentos negativos que demonstram ser ele também um "pródigo", apesar de nunca ter saído de casa, revelando o quanto ele era "distante" do irmão e do pai. Sendo o filho mais velho, adolescente ou adulto (o evangelista não diz qual a idade dos filhos), a sua atitude proporciona inferir que ele entrou num processo de regressão psicanalítica, ou seja, usou um mecanismo de defesa que o levou a um estágio anterior de desenvolvimento, talvez à infância ou à adolescência, em vez de se adaptar à situação. O filho mais velho vive um paradoxo emocional que evidencia infelicidade, já que tem tudo e não consegue se sentir dono desse tudo, demonstrando ser possível ter um pai maravilhoso, uma casa confortável e farta com muitos empregados e uma criação próspera de novilhos; entretanto, não está satisfeito e vive como um pobre desafortunado, invejando seu irmão. A situação se assemelha à história bíblica, anteriormente mencionada, de Esaú e Jacó (Gn 25, 26, 27) no Antigo Testamento, em que a luta entre os irmãos prossegue sem tréguas, não tanto pelo poder, mas pela aparência do poder. Essa disputa pode também se manifestar sob a forma de desequilíbrios e doenças emocionais, desencadeando uma crise. Na narrativa textual de Lucas, ele não aceitava entrar naquela festa (*"... indignou-se e não queria entrar"*) e suas palavras trazem a conotação de que já não considerava o outro como seu irmão, quando diz ao pai: *"Este teu filho"*.

"SEU PAI SAIU PARA SUPLICAR-LHE" (28b).

No grego, o verbo que se traduz por *"suplicar"* é τον παρακάλεσει, que significa literalmente "tocar os joelhos de alguém". O verbo suplicar tem origem no latim *supplicare* (*sub*, "abaixo", e *plicare*, "dobrar"), significa pedir com humildade e insistência, implorar ou rogar. A expressão original significava dobrar-se ou inclinar-se perante alguém a quem se pedia algo. O pai tinha autoridade para obrigá-lo a entrar, mas ele não faz isso, mas *"suplica-lhe"*. De modo concomitante e antagônico, a alegria do pai corresponde à raiva do filho mais velho, assim como a alegria de Jesus de estar com os pecadores corresponde à raiva das pessoas religiosas que pretendem reduzir o amor de Deus aos seus próprios méritos. O mesmo amor que empurrou o pai a correr no encontro do filho mais novo agora o empurra a sair e a suplicar ao filho maior. Um gesto meio absurdo e impensável, demonstrando o seu imenso amor pelos dois filhos. Nessa inversão de papéis, ao suplicar, ele se comporta como servo, e não como dono, patrão ou chefe da casa. O pai se fez servo para que os filhos se sentissem senhores.

"ELE, PORÉM, RESPONDEU A SEU PAI: HÁ TANTOS ANOS QUE EU TE SIRVO, E JAMAIS TRANSGREDI UM SÓ DOS TEUS MANDAMENTOS, E NUNCA ME DESTE UM CABRITO PARA FESTEJAR COM MEUS AMIGOS" (29).

O verbo *servir* carrega dois sentidos dentro da sua semântica: pode indicar trabalho de escravo ou pode ser compreendido como gesto voluntário. A exclamação *"há tanto tempo que te sirvo"* demonstra que o filho se sentia *"servo"*, empregado, e, em decorrência disso, não reconhecia o pai como a origem da vida, mas como empregador e chefe. Também ele havia recebido a parte da sua herança (o pai dividiu entre eles) e a sua lamentação é infantil, não havendo necessidade de receber o cabrito do pai, porque já era seu pela própria filiação e por ser herdeiro. Mas a sua interpelação demonstra que ele não tinha nunca usado as suas coisas (pertences) porque não tinha consciência de sua ligação com o pai. Não compreende que não tem necessidade de obedecer, porque o pai não manda, e não tem necessidade de servi-lo, porque é ele o patrão (também). É uma atitude de quem vive numa relação de sujeição e de temor. Quem se limita a obedecer, permanece em um estado de imaturidade, incapaz de fazer festa sozinho, na espera de que alguém o autorize a fazê-lo. Ambos os irmãos não têm uma relação de filhos com o pai, mas de servos com o patrão; o filho mais novo espera ser tratado como um servo, um empregado; e o maior, o que é mais grave, acredita e se comporta como um escravo. Também os escribas e fariseus em nome da lei tornaram inútil a herança que o Pai deu ao seu povo, isto é, o seu amor. O comportamento do filho mais velho se assemelha àquela situação dos operários da vinha que protestam contra a bondade do patrão para com aqueles que trabalharam somente uma hora. Quando o dono da vinha responde *"Toma o que é teu e vai. Eu quero dar a este último o mesmo que a ti. Não tenho o direito de fazer o que eu quero com o que é meu? Ou o teu olho é mau porque eu sou bom?"* (Mt 20, 14-15), a compaixão do dono da vinha é para eles injustiça diante dos méritos e do sacrifício, e deste ponto de vista podem ter razão. Entretanto, Deus não se comporta segundo os critérios da justiça, mas sim segundo os critérios do Amor.

"CONTUDO, VEIO ESSE TEU FILHO, QUE DEVOROU TEUS BENS COM PROSTITUTAS, E PARA ELE MATAS O NOVILHO CEVADO" (30).

Há uma diferença entre os dois filhos com relação à herança recebida do pai: o primeiro a desperdiçou, e o segundo não a utilizou. Talvez possa ser evidenciada aqui a imagem da deformação religiosa que produz uma relação de interesse, condicional, meritocrática, e que espera recompensa diante do cumprimento dos mandamentos. É necessário servir a Deus observando os seus mandamentos, entretanto, quando fazemos isto esperando recompensa, vivemos uma falsa espiritualidade, farisaica, que faz convencer e parecer, de maneira hipócrita, que somos bons. O filho mais velho não disse *"esse meu irmão"*, mas *"esse teu filho"*. Para ele, o irmão nem existia mais. Há uma cenografia construída na narrativa que proporciona imaginar que ele olha de cima para baixo com arrogância, desprezando o pai com sua fala e apontando o dedo para o irmão. O pai, entretanto, age movido pela compaixão. De tal forma que, na retomada do texto, a acusação que ele faz ao pai do irmão de *"ter devorado teus bens"* pode ser considerada injusta, já que, pela lógica da partilha, o irmão havia desperdiçado a parte que lhe pertencia. Ao se agigantar e apontar o dedo ao irmão mais novo, repercutem as palavras de Jesus quando disse: *"Por que reparas no cisco que está no olho do teu irmão, quando não percebes a trave que está no teu?"* (Mt 7, 3-5). Além disso, no julgamento do irmão quando diz *"esse teu filho"*, perde também a noção do seu papel familiar. E não tem mais um irmão e, consequentemente, nem também um pai. Ele está perdido: tornou-se um estranho na própria casa. Não há laço e nem ternura. Não há comunhão. Diante da preparação da festa, da sua recusa de entrar, falta-lhe o discernimento para perceber que o pai agora o deseja de volta tanto quanto desejava o filho mais novo.

Diante da acusação do filho mais velho, faz-se pertinente lembrar que a expressão "teus bens" têm a ver com a palavra βίος ("vida biológica") que representa a herança, a propriedade, a terra que o filho pródigo havia vendido e convertido em dinheiro. E βίος também significa "modo de vida", meio de subsistência, propriedade que sustenta a vida em família. Como já falado anteriormente, em uma comunidade agrícola tradicional do Oriente Médio, a terra de um agricultor estava unida à sua vida. Por isso, a prostituta "ao devorar os bens" tirou simbolicamente a vida do filho pródigo.[79]

Todos nós somos convidados a nos haver com o filho mais velho dentro de nós, e num turbilhão de interrogações devíamos nos perguntar: escutamos os jovens com as suas dúvidas e interrogações? Atrevemo-nos a escutar as pessoas que têm opiniões teológicas diferentes das nossas? Escutamos pessoas

---

[79] TEMPLE, C. A., MARTINEZ, M.G., YOKOTA, J., NAYLOR, A. *Children's Books in Children's Hands: A Brief Introduction to Their Literature*, Pearson eText with Loose-Leaf Version -- Access Card Package (5th Edition). Boston: Allyn & Bacon, 2010.

que se sentem alienadas em relação à Igreja? Escutamos aqueles que podem parecer colocados à margem pela própria vida, por se terem voltado a casar depois de divorciados, porque são gays ou porque vivem com um(a) companheiro(a)? A coragem de falar tem por fundamento último a coragem de escutar[80].

O filho mais velho desconsiderava a volta do irmão e entende como desperdício o que pai estava fazendo. Em sua fala, há amargura e desprazer, revelando que tem arraigado dentro de si um complexo de superioridade (ou seria de inferioridade?) e de perfeição, e, na sua autossuficiência narcisista, se mostra muito ciumento e incapaz de compartilhar a alegria do pai e os bens com o irmão. A sua reação e as suas palavras transbordam ciúme e rancor.

Não escolhemos nossos irmãos, mas com eles dividimos nossa carga genética, família, classe social, contexto histórico, experiências, vivências e lembranças por mais tempo do que provavelmente com qualquer outra pessoa. O relacionamento fraterno vai se constituir, por sua vez, em uma teia complexa de sentimentos e emoções ligados a elementos de caráter cognitivo, cultural e social, entrelaçados e difíceis de separar. Ele surge geralmente na primeira infância do indivíduo e desempenha um papel fundamental na determinação de suas características de identidade e personalidade. O irmão e a irmã desempenham um importante papel na constituição do sujeito, maior do que a disputa pelo amor materno/paterno pode sugerir. [81]E o ciúme tem também a sua importância na construção da personalidade: o outro permite a cada um dos irmãos se definir melhor, através da percepção do jogo das semelhanças e diferenças entre si. Entre irmãos, encontramos a rivalidade como o reflexo do que é inerente ao ser humano, e não é fácil para o homem renunciar à satisfação de sua inclinação agressiva, ainda mais em se tratando de herança e da partilha dos bens familiares. Por outro lado, os irmãos podem ser solidários, companheiros, cúmplices, mantendo uma relação de grande proximidade afetiva, relação essa que se estende à família mais ampla quando crescem. A função

---

[80] RADCLIFFE, T. O. P. *As sete últimas palavras*. Prior Velho: Paulinas, 2004. p. 88.

[81] MEYNCKENS-FOUREZ, M. *Les ressources de la fratrie*: le point de vue éco-systémique. Ramonville Sant-Agne: Érés, 1999. p. 37-68.

fraterna pode ser definida como uma das funções estruturantes da família, uma função de ajuda recíproca, de colaboração, de assistência em um nível de igualdade, de defesa dos direitos das gerações e de provisão de modelos de identificação, permitindo também a descarga moderada de agressividade.

Ao se recusar a entrar na casa e se envolver na festa, o irmão mais velho demonstra ser uma pessoa complicada emocionalmente e pouco maleável. Isso sempre acontece na vida de alguém quando a festa, o sucesso e a alegria do outro causam incômodos. Podemos caracterizar essa reação como invejosa. A inveja é um sentimento destrutivo que deforma as pessoas. A palavra "inveja" deriva do latim *invidia*, que se desdobra em *invidere*, que significa *"vontade de não ver"* ou *"olhar com descontentamento, despeito"*. O termo é formado pelo prefixo *in-*, que expressa negação ou oposição, e pelo substantivo *vidia*, que deriva do verbo *videre* — que significa "ver".[82] A inveja ocasionou o primeiro crime, ainda no Paraíso, levando Caim a matar seu irmão Abel (Gn 4, 1-16). O primeiro homicídio ocorrido na Terra se deu entre dois irmãos e foi causado pela inveja. A inveja pode ser caracterizada como um sentimento de inferioridade que conduz à tristeza e ao desprazer pelo bem ou sucesso do outro e a Igreja considera a inveja *um pecado capital* porque ela é uma força motivadora para outros pecados. A Bíblia relata outras situações conflituosas relacionadas à inveja, tais como os ocorridos na família de Jacó e seu filho José (Gn 37, 11); a perseguição de Saul contra Davi (1Sm 18, 8); a oposição de Sanabalat ao trabalho de Neemias (Ne 4 -7); Daniel na cova dos leões (Dn 6, 1-28); Os sacerdotes entregaram Jesus para ser crucificado (Mt 26 - 27).

O filho mais velho demonstra ser impecável na obediência ao pai e correto em tudo o que faz, entretanto falta-lhe a capacidade de amar na recusa de acolher o irmão que errou e de participar da festa. O apóstolo Paulo salienta que o amor não é invejoso (1Cor 13, 4). A situação desse filho é muito bem explicitada pelas palavras de Guy de Larigaudie[83], que traçou a seguinte comparação:

---

[82] DICIONÁRIO DE LATIM-PORTUGUÊS. 3. ed. Porto: Porto Editora, 2008. p. 363.
[83] LAURIGAUDIE, G. *Estrela de alto mar.* Rio de Janeiro: Agir, 1953. p. 23.

Há muita gente que vive quase sem pecar. Sua vida se passa direitinha no quadro normal de seus ofícios, de sua família. Fazem a vontade de Deus nas grandes linhas, mesmo da vida cotidiana. No entanto, são como existências comuns, sem luz; falta-lhes o amor de Deus. São como que lareiras bem construídas nas quais falta a chama. São pessoas de bem em vez de serem santas.

"MAS O PAI LHE DISSE: 'FILHO, TU ESTÁS SEMPRE COMIGO, E TUDO O QUE É MEU É TEU'" (31).

O pai exprime surpresa e amargura porque percebe que este filho, que sempre esteve com ele, não compreendia quem ele realmente era e, por outro lado, nem estava vivendo como seu filho, acolhendo o seu amor. É interessante observar que o termo *"pai"* aparece 12 vezes na parábola, mas nunca aparece na boca do filho mais velho. Somente o filho menor se refere ao pai como *"pai"*. Os fariseus que estão ouvindo a narração da parábola são persuadidos a se verem na figura do filho mais velho e a se identificarem com este homem. Nessa identificação, uma interrogação pode ser levantada: quererão eles unir-se à celebração e participarem da festa, ou permanecerão do lado de fora da casa, como o filho mais velho?

Jesus está falando de uma relação com Deus que não é vivida no plano horizontal da existência, um Deus que, mesmo sabendo das fragilidades dos seus filhos, os ama incondicionalmente e, talvez por percebê-los tão fracos e perdidos, desenvolve uma *"certa preferência por eles"*. Ao contrário, a nossa relação com Deus nunca deve ser baseada no medo, na submissão e na obediência, que paralisa e não faz crescer, porque não permite a descoberta da grandeza do amor do Pai. Por isso, o pai o convida a entrar numa nova lógica: não a lógica do mérito, em que ele certamente tinha mais direitos, mas na lógica do amor. O pai é misericordioso. A misericórdia, em hebraico, é chamada *rahamin*, na natureza da relação entre pai e filho, entre mãe e filho. Indica a proteção materna e paterna, a relação de amor incondicional entre pai e filho. Não na lógica do serviço por recompensa, mas da convivência pela codivisão, partilha.

"MAS ERA PRECISO QUE FESTEJÁSSEMOS E NOS ALEGRÁSSEMOS, POIS ESTE TEU IRMÃO ESTAVA MORTO E TORNOU A VIVER; ESTAVA PERDIDO E FOI REENCONTRADO" (32).

O pai, então, recorda ao filho mais velho que o outro filho "é teu irmão", reforçando os laços familiares e a importância dos dois filhos, facilitando a reconciliação com o irmão. Com estas palavras, Jesus recorda aos escribas e fariseus que aqueles que são considerados pecadores são também irmãos e também são amados por Deus, convidando-os a não se escandalizarem com a bondade do Pai, mas a unir-se à festa e a não se deixarem levar pelo ciúme da liberdade amorosa que o Senhor concede a todos os que o acolhem. Jesus subverte os critérios da justiça retributiva, apresentando Deus como um Pai sumamente misericordioso.

A atitude do filho mais velho perante o irmão e o pai e a sua incapacidade de festejar são indiciadoras de uma vida sem a percepção da felicidade. Oportuniza levantar a seguinte interrogação: será que o seu modo de agir é devido a mágoas e ressentimentos arquivados em sua memória afetiva?

Como psicólogo clínico tenho como abordagem fundamental do meu trabalho a *Logoterapia* (a terapia do sentido da vida). Por isso, posso assegurar que o modo de ser e de agir de uma pessoa tem sempre a ver com o que ela viveu e com o que ela faz com o vivido.

Na escuta das narrativas das histórias contadas pelos outros, ocupa um lugar preponderante o passado e a memória de longo prazo. Não se pode ignorar a infância como lugar privilegiado de memórias positivas ou negativas, de um espaço e de um tempo que constituem uma base substancial, seja real ou imaginária, que trazem sustento para a vida adulta. Essas lembranças são estruturantes e permitem compreender e explicar muitas coisas na vida de uma pessoa, desde as dificuldades para lidar com os outros até os vícios e dependências, como também o sentido ou a falta de sentido. Por isso, em um trabalho psicoterápico é preciso ancorar o que se encontra disperso, recordar a caminhada e torná-la reconhecível, construir a coerência e ressignificar os afetos. Essas memórias e sentires exercem importância decisiva para o equilíbrio de uma pessoa. A satisfação com a vida tem a ver com os percursos pessoais de propósitos e intenções, autorrealização e bem-estar psicológico que correspondem à aceitação de si e dos outros.

Ouso pensar e dizer que o filho mais velho, "tão certinho" e "obediente" e com o seu jeito rígido de ser, estava tentando esconder coisas não elaboradas de seu passado: mágoas, falta de perdão e traumas. Seus excessos eclipsam faltas, ainda que tivesse um pai tão bom... Com o poema "Sem Julgá-lo", **Dom Hélder** resplandeceu a situação com os seguintes versos:

Sem Julgá-lo.

Rezo, cada vez mais,

pela conversão do irmão do filho pródigo.

Tenho no ouvido o aviso impressionante:

"O primeiro despertou

de sua vida de pecado.

O segundo

quando despertará

de sua virtude?"...[84]

Repasso, neste instante, ao leitor, a tarefa de fazer a sua meditação e interiorização pessoal em conformidade com as ideias discorridas.

---

[84] CÂMARA, D. H. *Mil razões para viver*: Meditações do Padre José. Rio de Janeiro: Civilização Brasileira, 1978. p. 31.

2ª Reflexão individual:
"SER O FILHO MAIS VELHO"

Depois de invocar a Luz do Espírito Santo e colocar-se inteiramente diante de Deus, convido-o para a seguinte reflexão:

Como filho mais velho, muitas vezes me surpreendi reclamando de pequenas sujeições, pequenas indelicadezas. Volta e meia, surgem em mim murmúrios, lamentos, resmungos, queixas que continuam mesmo contra a minha vontade. Quanto mais discorro sobre o assunto, fico me perguntando se não é bom ser obediente, respeitoso, observador das leis, trabalhador e capaz de sacrifício (?). No mesmo momento que quero falar ou agir com maior generosidade, sinto-me envolvido por raiva e ressentimento. E também parece que, exatamente quando quero ser realmente altruísta, sinto, de forma obsessiva, necessidade de amor. Exatamente quando faço o possível para desempenhar bem uma tarefa, pergunto-me por que os outros não se doam como eu (?). Parece que, onde quer que se encontre meu lado virtuoso, aí também existirá sempre um queixoso ressentido. Será que o filho mais velho que existe em mim pode voltar para casa? Em meio a essas interrogações, renovo a certeza de que só de Deus, do alto, pode vir a minha cura, de onde Deus se debruça olhando para mim e eu bem sei que o que não é possível para mim é possível para Ele.

Ressonâncias

O DEUS QUE ESPERA: A PSICOLOGIA DO PERDÃO

Por dias e noites eu fugia de ti, e ano após ano fugia pelos caminhos tortuosos do meu espírito... Perseguia-me aquele passo forte no meu rastro como caçador teimoso. E ressoava sereno igual a si mesmo com insistência de rei. Acima do seu martelar, uma voz clamava: Tudo te trai, a ti que me trais... Eu sou Aquele a quem buscas, e foges enquanto de Mim fugires...

(Francis Thomson)

SER O DEUS PAI-MÃE MISERICORDIOSO

O pai da parábola tem uma força irresistível, porque isto que é o mais divino, o amor de Deus é mostrado dentro do que é mais humano, numa compaixão "*visceral*". É um Deus Pai e Mãe, doador da vida, que pode ser configurado pelas características humanas do pai — e da mãe. A imagem de Deus, como afirmou Freud, não depende apenas da imagem paterna, já que a relação com a mãe é extremamente importante para todo ser humano. De maneira analítica, podemos constatar que as representações que o homem faz de Deus, pelo menos dentro do mundo ocidental, ao que tudo indica, assemelham-se muito mais às qualidades da mãe, como, por exemplo, o amor incondicional, a dimensão do acolhimento, do colo e a da ternura, do que efetivamente às qualidades paternas, como a autoridade, a severidade, a firmeza e a rigidez.

Nos estudos psicológicos, segundo alguns autores da teoria da personalidade, sabemos que uma relação positiva com a mãe está significativamente relacionada com uma representação positiva de Deus, ao passo que uma relação conflituosa com o pai é determinante para o estabelecimento de uma representação negativa de Deus[85]. Todavia, o amor dos pais é a experiência mais poderosa e íntima que temos de oferecimento de amor, cujo retorno não é calculado (embora o retorno seja apreciado): é o dom da vida simplesmente. O amor dos pais deseja a vida e, quando ela vem, exclama: "*Que bom que você existe!*" O amor dos pais nutre o que foi trazido à existência, desejando crescimento e plenitude. Este amor é *agápico* e tem como característica principal

---

[85] STICKLER, G. Rappresentazione di Dio e immagini dei genitori nella esperienza degli adolescenti. *Rivista di Scienze dell'Educazione*, n. 1, p. 39-75, 1974. Ricerca effettuata su 2255 adolescenti dai 14 ai 21 anni. Disponível em: https://www.pfse-auxilium.org/en/riv_abstract.cfm?PUBRIVISTA_ID=19&tab=14. Acesso em: 11 jan. 2025.

a sua imparcialidade. Nenhum amor humano pode, é claro, ser perfeitamente justo e imparcial, mas o amor dos pais é a melhor metáfora que temos para figurar o amor criativo de Deus[86].

A força do modelo de um Deus Pai e Mãe conduz à compreensão de um Deus que cuida das necessidades mais básicas das suas criaturas, tal como os pais alimentam, protegem e cuidam dos seus filhos. O que fica explícito na exortação de Jesus: *"Olhai as aves do céu: não semeiam, nem colhem, nem ajuntam em celeiros. E, no entanto, vosso Pai celeste as alimenta. Ora, não valeis vós mais do que elas? Aprendei dos lírios do campo. Como crescem, e não trabalham e nem fiam. E, no entanto, eu vos asseguro que nem Salomão, em toda a sua glória, se vestiu como um deles. Ora, se Deus veste assim a erva do campo, que existe hoje e amanhã será lançada ao forno, não fará ele muito mais por vós, homens fracos na fé?"* (Mt 6, 26 - 28). Na esteira dessas interrogações, Rubem Alves perguntou:

> *Um filho: será que alguém pode ter um desejo mais terno que este?*
>
> *Um filho é como um caminho: há coisas boas bem ali, ao alcance da mão: amoras silvestres, fontes escondidas, sombras. E também há o mistério do destino, escondido no horizonte e na noite. Um filho é como um mar: espuma que brinca com pés descalços, e funduras que nunca haveremos de compreender. E, no entanto, ali está a carne da nossa carne, corpo onde colocamos os nossos desejos mais altos. Como se fosse um altar, lugar de esperanças. A gente envelhece e se vê moço de novo naquele que nasceu da gente. Nele continuo a viver.*[87]

Na parábola, Jesus mostra Deus como é, como um Pai-Mãe cheio de compaixão. (O verbo σπλαγχνίζομαι – *splanchnízomai* traduz a ideia de ser movido por uma emoção muito forte). A compaixão tem a ver com o significado de sentir com as entranhas; na expressão de Nouwen:

---

[86] McFAGUE, Sallie. *Modelos de Deus*: teologia para uma era ecológica e nuclear. São Paulo: Paulus, 1996. p. 175.

[87] ALVES, R. *Pai Nosso*: meditações. São Paulo: Paulus, 1987. p. 119.

Deus se rejubila porque um dos seus filhos que estava perdido foi encontrado. É dessa alegria que sou chamado a compartilhar. É a alegria de Deus, não a alegria que o mundo oferece. É a alegria que decorre de ver uma *criança voltar a casa no meio de toda destruição, devastação e sofrimento do mundo.*[88]

A narração da parábola faz-nos compreender algumas características deste pai que neste ponto retomamos. Para começar podemos afirmar que ele é como Abraão *"que esperou contra toda esperança"* (Rm 4,18) e sempre se mostrou disposto a perdoar. Antes de tudo, faz admirar a sua tolerância em face da decisão do filho mais jovem de ir embora de casa: teria podido opor-se, sabendo que era muito imaturo, um jovem, ou procurar algum advogado para não lhe dar a herança, estando ainda vivo. Ao contrário, permite que ele parta, mesmo prevendo os riscos possíveis. O **Papa Francisco**[89] afirma que Deus age assim conosco: *"deixa-nos livres, até para errar, porque, ao criar-nos, concedeu-nos o grande dom da liberdade e compete a nós fazer dela um bom uso".* O afastamento daquele filho é só físico; o pai leva-o sempre no coração; espera confiante o seu regresso; perscruta a estrada na esperança de o ver. Um filho desaparecido é sempre um tormento que causa um sofrimento descomunal como já foi referido.

O retorno do filho e o modo do pai agir aponta peculiaridades que nomeio e destaco, tais como: **imediatez**, não exigiu nada para ser oferecido e nem pagamento algum, constituindo-se como decisão imediata e decisiva; **gratuidade**, não teve penalidades e nem foi sujeito a condições temporárias, mas para sempre; **esquecimento**, contrariando as perspectivas humanas, o perdão trouxe o apagamento memorial de tudo o que ele fez; **custou caro**, o filho foi libertado ainda que isso tivesse tido custos materiais e afetivos ao pai; **restaurador**, devolveu ao filho a dignidade que fora perdida, oferecendo-lhe os mesmos privilégios de antes, inclusive os relacionais.

---

[88] NOWEN, H. J. M. *A volta do filho pródigo*: a história de um retorno para casa. São Paulo: Paulinas, 1999. p. 124.

[89] PAPA FRANCISCO. *Angelus*. 6 mar. 2016. Disponível em: https://www.vatican.va/content/francesco/pt/angelus/2016/documents/papa-francesco_angelus_20160306.html. Acesso em: 11 jan. 2025.

A figura do pai da parábola assemelha-se ao coração de Deus que sempre está nos esperando quando nos afastamos do seu amor.[90] Ele é o Deus Pai-Mãe misericordioso, que em Jesus nos ama além de qualquer medida, esperando sempre a nossa conversão todas as vezes que erramos. Fica aguardando a nossa volta quando nos afastamos d'Ele, pensando que O podemos deixar de lado, e está sempre pronto a abrir-nos os seus braços independentemente do que tiver acontecido. Como o pai do Evangelho, também Deus continua a considerar-nos seus filhos quando nos perdemos, e nos espera com ternura e saudade. Os erros que cometemos, mesmo se forem grandes, não afetam a fidelidade do seu amor.

O Sacramento da Reconciliação é um momento privilegiado de experimentarmos a acolhida e a ternura de Deus. Ele acolhe-nos, restitui-nos a dignidade de seus filhos e diz-nos: *"Vai em frente! Fica em paz! Levanta-te, Prossiga!"*.[91] Dentro de uma dimensão pastoral e comunitária, a parábola quer empurrar-nos para que passemos da teologia do mérito para a teologia da gratuidade, do dom, com um novo modo de ver a Deus. Ao pecador que manifestou sua conversão ao ministro da Igreja pela confissão sacramental Deus concede o perdão mediante o sinal da absolvição, e assim se realiza o sacramento da Penitência. Pois, Deus quer conceder-nos a salvação e renovar a aliança rompida por meio de sinais visíveis. Pelo sacramento da penitência, o Pai acolhe o seu filho que regressa; Cristo coloca sobre os ombros a ovelha perdida, reconduzindo-a ao redil; e o Espírito Santo santifica de novo seu templo ou passa a habitá-lo mais plenamente. Isto se manifesta na participação frequente ou mais fervorosa na mesa do Senhor, na Santa Eucaristia, havendo grande júbilo na Igreja pela volta do filho distante[92].

Na análise pormenorizada da pintura de Rembrandt, já referida nesta obra, feita por Nouwen[93], quando em seu quadro

---

[90] MENDONÇA, J. T. *Elogio da sede*: prefacio do Papa Francisco. São Paulo: Paulinas, 2023. p. 119.

[91] *Ibidem.*

[92] RITUAL DA PENITÊNCIA. Tradução portuguesa para o Brasil da segunda edição típica. São Paulo: Paulinas, 2000, p. 28.

[93] NOUWEN, H. J. M. *A volta do filho pródigo*: a história de um retorno para casa. São Paulo: Paulinas, 2007.

o pintor retratou um pai, muito sereno, que reconhece o filho não com os olhos do corpo, mas com os do espírito, do coração, pois está quase cego. Decerto, a intenção do pintor, ao retratar um pai cego, foi a de deixar bem claro que Deus não olha para os nossos erros, mas sim para o nosso esforço em crescer e as nossas qualidades. Como Pai-Mãe, Deus quer que seus filhos sejam livres para amar — dá-lhes a possibilidade de *"deixar a casa"* para que retornem mais amorosos e misericordiosos. E, como Pai-Mãe, deseja que aqueles que permanecem em casa gozem de sua presença e sintam sua afeição, e a única autoridade que ele quer exercer é a da misericórdia. O lugar do Deus Pai-Mãe revela a prodigalidade de amor. E a parábola explicita que Ele aceita e ama ambos os filhos, tanto o que saiu quanto o que ficou.

Por conseguinte, a narrativa textual da parábola é construída entremeando palavras e silêncios. O pai silencia diante das solicitações do filho mais novo em pelo menos três momentos: quando ele manifesta o pedido da partilha dos bens; por ocasião da partida; e quando ele retorna diante da súplica que faz para ser um de seus empregados. As palavras do pai são pronunciadas somente quando revelam perdão e para promover a festa como sinal da alegria do regresso do filho. A voz silenciosa do Pai é pródiga e se faz espera, aceitação, acolhida e amor. Destarte, somos filhos e herdeiros: cada um de nós deve tornar-se o seu sucessor, ocupar o lugar do Pai e oferecer aos outros a mesma compaixão que Ele oferece a nós. A comunidade dos discípulos de Jesus não tem necessidade de filhos mais novos ou filhos mais velhos, convertidos ou não, mas de um pai que deseja mostrar o seu amor aos filhos. Para fazer isto, é necessário abandonar as comparações, as rivalidades, as competições. Olhar para o próximo como um irmão tão amado por Deus quanto nós também o somos. Talvez, se deixássemos que o amor materno de Deus permeasse o nosso íntimo, muitos dos nossos problemas psicológicos, presumidos, se dissolveriam como neve ao sol. Ao contrário, corremos o risco de sermos afligidos pelo ciúme, dúvidas e ressentimentos, onde tudo é suspeito, faltando a fidelidade.

Pode-se divisar nesta parábola também um terceiro filho. Um terceiro filho? E onde ele se encontra? É aquele que *"não considera privilégio ser igual a Deus... aniquilou-se a si mesmo, tomando a condição de servo"* (Fl 2, 6-7). Esse Filho-Servo é Jesus! É a extensão dos braços e do coração do Pai: Ele acolheu o pródigo e lavou os seus pés sujos; Ele preparou o banquete para a festa do perdão. Ele, Jesus, ensina-nos a ser *"misericordiosos como o Pai"*[94]. Por isso, a presença de Jesus no meio de nós é fonte de festa. Para participar da festa de Deus, é necessário converter-se ao seu modo de amar, olhar com os seus olhos a vida, os acontecimentos e os outros, e a nós mesmos.

No Antigo Testamento, a maior das bênçãos fala de um desejo de que Deus mostre para nós o seu rosto: *"O Senhor te abençõe e te guarde! O Senhor faça brilhar sobre ti a sua face e te favoreça! O Senhor volte para ti a sua face e te dê a paz!"* (Nm 6, 24-26). Mas Deus não mostrou a sua face nem a Moisés no Monte Sinai. Lá, ele apenas conversou com Deus e ouviu a sua voz (Ex 19). De acordo com tradição bíblica, nenhum homem pecador podia ver o rosto de Deus e continuar vivendo. Em Êxodo 33, 20, Deus disse a Moisés: *"Não poderás ver a minha face, porque o homem não pode ver-me e continuar vivendo"*. Mas a boa notícia do Evangelho é que Deus revelou o seu rosto em Jesus Cristo. Antes de Cristo, nós não podíamos ver a Deus e continuar a viver. Pedíamos que Deus nos sorrisse, mas nós não podíamos retribuir a este olhar. Agora, podemos retribuir este olhar e olhar para os outros à sua imagem e semelhança no rosto do Filho Amado. Deus tem o rosto de Jesus. E isto significa que podemos olhar para Ele e que Ele retribui o seu olhar para nós.

Morto pelos nazistas em 1945, o grande teólogo **Dietrich Bonhoeffer** ensina que "Cristo não ajuda em virtude de sua onipotência, mas sim em virtude de sua fraqueza e de seu sofrimento", aqui está a diferença determinante em relação a qualquer

---

[94] PAPA FRANCISCO. *Angelus*. 11 set. 2016. Disponível em: https://www.vatican.va/content/francesco/pt/angelus/2016/documents/papa-francesco_angelus_20160911.html. Acesso em: 11 jan. 2025.

outra religião[95], e reitera que o verdadeiro entendimento do Novo Testamento e de sua mensagem, deve nos levar a desejar parecer com Cristo (*Kathos Christos*). "Por que fomos feitos à imagem de Cristo, iguais a Cristo devemos ser. Ele sim é o Filho Modelo para todos nós. Só Cristo pode ser o modelo que temos que seguir". Porque Ele mesmo vive sua verdadeira vida em nós, podemos *"andar assim como ele andou"* (1Jo 2,6); *"fazer como ele fez"* (Jo 13,15); *"amar como ele amou"* (Ef 5,2); *"perdoar como ele perdoou"* (Cl 3,13); ter *"o mesmo sentimento que havia em Jesus Cristo"* (Fl 2,5); imitar os exemplos que Ele nos deixou; dar a vida pelos irmãos como Ele deu a vida por nós (1Jo 3,16).

Só podemos ser como Ele porque Ele foi humano como nós. Só podemos ser *"como Cristo"* porque fomos conformados à sua imagem. Agora que nos tornamos imagem de Cristo, podemos viver de acordo com o seu exemplo. É quando, no dia a dia, na simplicidade do discipulado, a vida igual à de Cristo é vivida. Bonhoeffer lembra que *"o Filho que agrada a Deus é aquele que se torna Discípulo de Jesus"* e, por isso, cita a Carta do Apóstolo Paulo aos Efésios: *"Tornai-vos, pois, imitadores de Deus, como filhos amados, e andai em amor, assim como Cristo também nos amou e se entregou por nós a Deus, como oferta e sacrifício de odor suave"* (Ef 5, 1-2).

Para onde será levado aquele que aceitar o chamado para ser discípulo? Que decisões e separações o chamado trará consigo? Só Jesus Cristo, que nos ordena que o sigamos, sabe para onde leva o caminho. Nós, porém, sabemos que este será, com certeza, um caminho de misericórdia sem limites, ainda que passemos por sofrimentos.

Na expressão de Etty Hillesum[96], uma judia holandesa que morreu em Auschwitz com apenas 29 anos durante a Segunda Guerra Mundial e deixou um testemunho místico de grande sentido e beleza ao exclamar: *"Deus e eu agora fomos deixados completamente sozinhos"*; ser discípulo:

---

[95] BONHOEFFER, D. *Discipulado*. São Paulo: Mundo Cristão, 2016. p. 254.

[96] HILLESUM, E. *Uma vida interrompida*. Belo Horizonte: Âyiné, 2022. p. 276-286.

É ser fiel a tudo que se começou num momento espontâneo, às vezes espontâneo demais. Ser fiel a cada sentimento, a cada pensamento que começou a germinar. Fiel a si, a Deus, fiel a seus próprios melhores momentos. É ser inteiro onde se está, ser cem por cento. Meu "fazer" consistirá em "ser".

Chegamos, dileto leitor, ao ensejo da terceira reflexão que quer ser um convite para saborear pela meditação as ideias apresentadas, na tentativa de permitir a criação de laços, nexos e aproximações com o vivido.

3ª Reflexão individual:
"SER O DEUS PAI-MÃE MISERICORDIOSO"

Depois de pedir a Luz do Espírito Santo e colocar-se inteiramente diante de Deus, convido-o a refletir as seguintes palavras:

Estar na Casa do Pai exige que eu faça da vida do Pai a minha própria e me esforce continuamente para me transformar "*à sua imagem e semelhança*". Ambos os filhos em mim podem gradativamente ser transformados no Pai Misericordioso. Ainda que muitas vezes eu possa ser o filho mais novo ou o filho mais velho, minha vocação é a de realmente me tornar o Pai Misericordioso e exercer no meu dia a dia a sua divina compaixão. Algumas interrogações se levantam: será que desejo ser não somente aquele que é perdoado; não somente aquele que é bem-vindo, mas aquele que acolhe e perdoa? Será que anseio ser unicamente aquele que é tratado com compaixão, mas também aquele que tem compaixão?

Ressonâncias

O DEUS QUE ESPERA: A PSICOLOGIA DO PERDÃO

CONSIDERAÇÕES FINAIS

Ao enfeixar as ideias que conduziram esta reflexão de *"O Deus que espera: a psicologia do perdão"*, busquei mostrar que o cristianismo, como religião relacional e de interioridade, oferece uma proposta estruturadora para quem se propõe a praticar a fé. Quem a essa fé adere experimenta conforto e amparo nas dificuldades da vida, aprendendo a esperar e a ser esperado por um Deus Pai-Mãe.

A fé cristã fornece linhas de força extremamente susceptíveis para proporcionar o amadurecimento daquele que crê e que contribuem de maneira decisiva para descrever o sentido do perdão. O fato de o perdão humano estar ligado ao perdão divino põe em evidência a sua tridimensionalidade; ou seja, perdoar aos outros, a si mesmo e acolher o perdão de Deus é uma experiência fundamental para o amadurecimento integral do ser humano. Assim, na reflexão sobre o perdão, salientamos os seguintes pontos com relação aos **aspectos psicológicos**:

1. A falta do perdão pode comprometer a nossa *saúde mental* e desencadear na nossa vida sentimentos de raiva, rancor, ansiedade e estresse; quando conseguimos perdoar, granjeamos melhorar a autoestima, fortalecendo os laços sociais e desenvolvendo a resiliência e promovendo a saúde física e mental.

2. Concernente à *memória*, perdoar não significa esquecer o que aconteceu, mas trabalhar essas lembranças ruins para que o amor supere o ódio e a rejeição dê lugar à acolhida;

3. Sobre a *reconciliação* é necessário levar em conta o tempo para que, de alguma forma, a relação possa ser restaurada.

4. No que se refere à *liberdade* e à *gratuidade*, o perdão é um processo que pode ser difícil, mas os seus benefícios são profundos e duradouros. É importante lembrar que o perdão não deve ser feito apenas pelos outros, mas também por nós mesmos;

5. Alusivo à justiça, o perdão não a anula, mas a fortalece.

Posteriormente, no encalço dessa reflexão, com relação aos **aspectos espirituais**, ponderamos que:

1. A Palavra de Deus, tanto no Antigo como no Novo Testamento, estabelece o perdão entre os semelhantes como *relação consequencial* com o perdão que o homem recebe de Deus. *"Perdoai-nos as nossas ofensas assim como nós perdoamos a quem nos tem ofendido"* (Mt 6, 12).

2. Receber o perdão divino é uma condição para o coração se dispor a perdoar. *O perdão de Cristo* se impõe como modelo a imitar. Ele foi quem nos perdoou primeiro: *"Dei-vos o exemplo para que, assim como Eu fiz, vós façais também"* (Jo 13, 15).

3. O perdão demonstra que nós decidimos enfrentar o que fizemos com o que fizeram conosco[97]. Voltar no tempo e na vida. Ir ao começo para recomeçar. Contemplar os fracassos, derrotas e rejeições, crueldades, falta de amor que vieram ou de nossos pais ou de outras pessoas queridas. Trazer às claras as vezes em que fomos pouco leais e generosos, contemplando a fealdade de nossos atos. Fazemos isso não para nos sentirmos horríveis e maldosos, mas *para permitir que a nossa vida se transforme. "Eis que faço novas todas as coisas"* (Ap 21,5). Se penetrarmos nesse perdão, à luz da fé, Deus produzirá em nós mudança e transformação.

---

[97] BRO, B. *Peccando s'impara*. Torino: Borla, 1970.

O DEUS QUE ESPERA: A PSICOLOGIA DO PERDÃO

A atualidade da parábola analisada é inquestionável, porque sempre na Igreja existirão filhos que se distanciam e se afastam e depois retornam, e sempre haverá os "sabedores", os "santinhos" que do alto da sua presumida sabedoria irão recusar-se a acolhê--los; e Deus fará o trabalho de fazer ambos compreenderem que o seu amor é completamente diferente das expectativas humanas. Ela não distingue os dois irmãos em uma qualificação de bom x mau, mas mostra somente ao Pai como bom e que ama a ambos. Também não conclui a situação, mas deixa a situação dos filhos "aberta"; tal como verdades autoevidentes, não diz se o mais novo permaneceu na casa ou se o mais velho entrou na festa ou não, orientando o auditório (o leitor) a fazer a sua própria conclusão, recurso esse muito explorado pela retórica aristotélica[98] e que tem a intenção de que os ouvintes decidam quem tem razão sobre o modo como Deus age.

Nesses 30 anos de vida sacerdotal, já fui e tenho sido cada personagem da parábola. Já sofri muito sendo "o filho mais novo", desapontando a Deus, a mim e aos outros. Gastei também muitas vezes o tesouro da herança do Pai procurando a felicidade em territórios também longínquos e me decepcionando com falsas expectativas de felicidade que depositei em pessoas, em coisas, em títulos... Na minha "fome de amor", deixei-me enganar inúmeras vezes e já me machuquei muito e machuquei também outras pessoas, magoando a este Deus Pai-Mãe, sempre tão fiel e que um dia me chamou para servi-Lo. Sou imensamente agradecido a este Deus que sempre me esperou e me ofereceu o seu amor incondicional entre as saídas e as voltas. Como o "louco" e perdido filho que gastou todos os seus bens e voltou sem nada para casa, eu também voltei muitas vezes pensando "já não mereço ser tratado como teu filho, trata-me como a um dos teus empregados". Entretanto, eu experimentei e tenho experimentado receber a túnica nova, o anel e as sandálias. Penso que isto não foi em vão,

---

[98] CARVALHO, F. A. A gestão do ensino religioso no Brasil: uma análise do gênero opinativo. Curitiba: Appris, 2020. p. 65.

já que as "*saídas*" me proporcionaram crescer na compreensão e na empatia para com os "*perdidos*" que vêm ao meu encontro, seja na igreja ou na clínica. Muitos deles por não saberem o que fazer diante da perda de um ente querido; outros porque perderam o sentido da vida e querem morrer; alguns porque não conseguem sair das drogas; e há também aqueles que, por suas histórias de rejeição e abandono, não conseguem se sentir amados por um Deus Pai-Mãe. E eu posso pensar, na cumplicidade do olhar, no silêncio e na escuta: "*Comigo também foi assim; eu também já me vi numa situação semelhante à sua e sei o que é que você está passando*". E posso dizer: "*Conte-me o que te inquieta e o que se passa no teu coração*". Longe de toda vaidade e engrandecimento, em meio aos descaminhos e erros, posso afirmar que Deus tem me usado muitas vezes para trazer de volta à Sua Casa muitos filhos perdidos e para ajudá-los a ter mais paz e sanidade mental.

De quando em vez, tenho eu sido também "*o filho mais velho*", quando meus horizontes se estreitam e me fecho nas minhas verdades e no meu pequeno mundo, achando-me diferenciado ou escolhido e intolerante com os que não pensam como eu, ou que têm outras maneiras de viver a vida e a fé; ou tenho atitudes preconceituosas e legalistas...Tenho sido este filho todas as vezes que me acho dono da casa que é de todos, e quando me recuso a reconhecer o inesgotável amor desse Deus Pai-Mãe que nunca deixa de lado ou abandona nenhum filho seu e está sempre à espera daqueles que se afastam e se perdem. Tenho sido esse filho mais velho quando teimosamente resisto às mudanças e aos sopros do Espírito.

Por conseguinte, posso dizer que tenho me esforçado muito e quero continuar insistindo para ser ainda que um reflexo, um lampejo da Luz do "*Deus Pai-Mãe Misericordioso*", que oferece colo e abrigo para todos. Ocorre-me na lembrança uma comparação muito simples, mas repleta de ternura: os meus pais eram pessoas modestas e da roça; de pouco estudo, mas muito trabalhadores. Hoje, quando penso na história deles e nas dificuldades enfrentadas pelo trabalho árduo e rude, percebo que, no começo da nossa família, eles não sabiam demonstrar amor com as palavras e tinham muita dificuldade de expressar os seus sentimentos; mas, aos poucos, foram aprendendo a dizer o amor para além dos gestos. E a maior lembrança que carrego deles é essa mudança. De muito exigentes no começo da vida (casaram-se ele com 18 anos e ela somente com 17 anos); os cinco filhos chegaram e foram crescendo, e eles, paulatinamente, foram se amoldando ao amor, amaciando o coração e afugentando o medo e a insegurança de que os filhos não fossem para *"um bom caminho"* na vida. E, depois, já entrando no processo de envelhecimento antes de morrerem, sem as inquietações e medos com relação ao futuro dos filhos já criados, transformaram-se em pessoas doces e ternas perdendo às rédeas das lágrimas em cada momento de alegria ou de tristeza, sempre com os olhos umedecidos extravasavam ternura e amorosidade, abraços e beijos (eu, que desde menino morei longe de casa, quanta saudade tenho das esperas de minha mãe e de meu pai). Quase numa analogia, pretendo que esse mesmo processo aconteça na minha relação com Deus, eliminando todas as prerrogativas de tê-Lo como juiz, inquisidor ou severo castigador, para senti-Lo como Pai-Mãe que me abraça e me coloca para dentro da casa, se por acaso eu de novo teimar em sair... E, como meus pais, que eram tementes e amavam muito a Deus, eu desejo que esse amor transfigure a minha vida para que eu seja cada mais compreensivo e carinhoso comigo e com os outros.

Findando esse processo dialógico com a parábola lucana (*falei com e ela e ela falou comigo por dias e noites e madrugadas adentro*), agradeço a você, caro leitor, que acompanhou o passo a passo desta reflexão e quiçá tenha feito também um retiro espiritual que espero ter sido frutuoso para você. Peço perdão por alguma erudição inútil, mas, confesso que, a construção deste livro foi uma experiência de fascinação e encantamento em que pude refletir, rezar e aprender muito. Constituiu-se como *experiência de Ressurreição* permitindo-me perdoar e recomeçar num momento em que a vida que se pensava morta renasceu.